Wellensiek
Fels in der Brandung statt Hamster im Rad

Widmung

Für all meine Seminarteilnehmer, die ich bisher begleiten
durfte. Ich konnte von ihnen unendlich viel lernen.

Sylvia Kéré Wellensiek

Fels in der Brandung statt Hamster im Rad

Zehn praktische Schritte zu persönlicher Resilienz

2. Auflage

Sylvia K. Wellensiek: Dipl.-Ing. Innenarchitektur, Trainerin, Therapeutin (Physio- und Psychotherapie nach HPG), Coach, Autorin, leitet ein Trainings- und Ausbildungsinstitut am Starnberger See. Mit Freude und Leidenschaft unterstützt sie Unternehmen, Teams und Führungspersönlichkeiten aus Wirtschaft und Spitzensport in den Themenbereichen persönliches und organisationales Resilienztraining, Unternehmenskultur, Führung, Kommunikation, Life-Balance und persönliche Exzellenz. Ihre Arbeit versteht sie als Bewusstseinstraining. Im Fokus steht die konsequente Wahrnehmung und Verbindung von Körper, Gefühl, Verstand und Seele.

©altemueller.de

Autorin der Bücher »Handbuch Integrales Coaching«, »Handbuch Resilienz-Training«, »Resilienz-Training für Führende«, »Resilienz – Kompetenz der Zukunft« (zusammen mit Dr. Joachim Galuska), der DVD »Fels in der Brandung statt Hamster im Rad« sowie der »75 Bildkarten Resilienztraining«.

Dieses Buch ist auch als E-Book erhältlich:
ISBN 978-3-407-29494-4 (epub)
ISBN 978-3-407-29495-1 (PDF)

2., aktualisierte und neu ausgestattete Auflage 2016

© 2012 Beltz Verlag • Weinheim und Basel

www.beltz.de

Lektorat: Ingeborg Sachsenmeier
Umschlagkonzept: glas ag, Seeheim-Jugenheim
Umschlaggestaltung: Antje Birkholz
Umschlagfoto: mauritius images ©imageBROKER/Paul Mayall
Fotos: Ingeborg Sachsenmeier, Weinheim
Gesamtherstellung: Beltz Bad Langensalza GmbH, Bad Langensalza
Printed in Germany

ISBN 978-3-407-36624-5

Inhaltsverzeichnis

Einstieg: Die Chancen und Herausforderungen unserer Zeit

Kraft, Ruhe und Klarheit lassen sich trainieren

Liebe Leserin, lieber Leser,

kennen Sie das legendäre Bild von dem Leuchtturmwärter Theodore Malgorn, das Anfang der 1990er-Jahre um die Welt ging? »Aufrecht zwischen Riesenwellen«, so titulierten damals die Zeitungen die spektakuläre Momentaufnahme. Ein heftiger Sturm der Stärke 10 Beaufort wühlte den Atlantik auf, als sich ein Hubschrauber dem Leuchtturm La Jument näherte. Der Wärter trat gerade an die Balustrade, um zu schauen, was passiert, als hinter ihm eine Riesenwelle auf den Turm zurollte. Meterhohe Wassermassen wälzten sich über das Geländer, die Gischt spritzte bis zur Spitze des Leuchtfeuers empor. Das Meer peitschte und tobte. Malgorn stand seelenruhig vor seiner Tür, als fühlte er sich inmitten des Sturms wohl geborgen.

Dieses Foto spiegelt eine Sehnsucht wider, die mir viele Teilnehmer meiner Kurse schildern: Sie wünschen sich innere Stärke, Gelassenheit und Selbstbewusstsein, um im Sturm der täglichen Aufgaben Ruhe und Übersicht bewahren zu können. Sie möchten sich nicht vom täglichen privaten und beruflichen Wellengang überrollen lassen, möchten nicht unter E-Mails, Meetings und Informationsbergen untergehen, sondern ihr Leben aktiv, ihren Potenzialen und Belastungsfähigkeiten entsprechend, gestalten können. Doch gerade diese Kunst der bewussten, balancierten Lebensführung fällt vielen extrem schwer. Kein Wunder – denn auf die Geschwindigkeit und Komplexität unseres heutigen Lebens wurden wir alle nirgendwo vorbereitet.

Uns selbst gut durch den Alltag zu steuern, das können und sollten wir lernen! Dafür gilt es zu begreifen, dass von uns ganz neue Fähigkeiten und Kompetenzen erwartet werden, die uns bisher weder im Kindergarten, noch in der Schule, auch nicht in der Ausbildung oder an der Universität gezielt vermittelt wurden. Gefragt sind Kompetenzen wie Selbstvertrauen, souveräne Selbststeuerung, innere Festigkeit, hohe Stressresistenz, Flexibilität,

Freude an Neuerungen, Vertrauen in Wandel, klare Werteverankerung, kreatives Denken und einfühlsame Kommunikations- und Beziehungsfähigkeit. Wo konnten wir diese Fähigkeiten bisher erwerben?

In unserem Bildungssystem wird der Verstand getrimmt, der IQ gefördert – nur: für die Lösung unserer heutigen Aufgaben sollten wir Menschen die Fähigkeiten unseres gesamten Organismus trainieren und nutzen. Unsere emotionale Intelligenz (EQ) gehört genauso gefördert wie unsere ethisch-moralische und spirituelle Intelligenz (SQ) und unser ausgeprägtes, ganz natürliches, angeborenes Körperwissen. Alle großen Philosophien und Religionen betonen die Ganzheit unseres Wesens, das sich aus Körper, Herz, Verstand und Seele zusammenfügt. All diese Ebenen in uns gilt es, in ihren Bedürfnissen und Fähigkeiten wahrzunehmen, zu aktivieren und gezielt miteinander auszubalancieren. Und dafür braucht es kontinuierliches Training – nicht erst, wenn wir an den Rand unserer Kräfte geraten sind und durch schmerzvolle Einschränkung und Krankheit beim Arzt, Therapeuten oder in einer Klinik landen.

In einigen Bereichen haben wir gelernt, zumindest auf den Körper zu achten und aufzupassen. Vorsorgeuntersuchungen, gesunde Ernährung, regelmäßige Bewegung und Muskeltraining gehören für einige Menschen schon zu ihrem normalen Lebensrhythmus dazu. Wir sollten nun noch einen Schritt weiter gehen und mit gleicher Konsequenz auch unsere Psyche, unsere Seele stärken. Sie braucht es dringend.

Chance und Überforderung zugleich

In meinen Einzelcoachings und Seminaren begleite ich Führungskräfte und Mitarbeiter, Ärzte, Lehrer, Sportler, Politiker, Unternehmensleiter, Künstler, Handwerker, Ehepaare, Eltern ... und sie alle berichten von einer hochkomplexen Lebens- und Arbeitswirklichkeit, die sie sich täglich kreieren und der sie sich gleichzeitig ausgesetzt fühlen. Auf der einen Seite bietet diese Lebensfülle ungeheure Möglichkeiten, um zu lernen, sich auszuprobieren, sich weiterzuentwickeln und Neues zu erleben. Die Kehrseite der Medaille sind die Überforderung, die Überflutung, die Angst, sich selbst und das Leben nicht mehr ausloten zu können, die Sorge, nicht mehr mithalten zu können, die eigenen Bedürfnisse und die der anderen nicht mehr unter einen Hut zu bringen ...

»Ich fühle mich wie ein Hamster im Rad«, diesen Satz habe ich in den letzten Jahren hunderte Male gehört, und zwar von den unterschiedlichsten Menschen. Alle bergen den Wunsch in sich, aus diesem Rad auszusteigen *und zu einem Fels in der Brandung zu werden.* Nur weiß kaum einer den Weg dorthin.

Das gibt zu denken. Am Anfang meines Berufsweges leitete ich zusammen mit einem Freund eine Praxis für Physiotherapie. Damals hatten wir immer wieder Patienten, die unter akuten Stresssymptomen litten. Ihre innere Belastung suchte sich Ausdruck in einer Erkrankung des Bewegungsapparates. Während der Behandlung eines oft schmerzhaften Hexenschusses oder Bandscheibenvorfalls erzählten sie von tiefer liegenden Problemen. Sie berichteten von Schicksalsschlägen, Konflikten, Verlusten, Trennungen und vielem anderen mehr, die in ihnen eine psychosomatische Symptomatik hervorgerufen hatten. Es waren klar abgegrenzte Extremsituationen, die einen gewissen Zeitraum lang ihr Leben stark beeinflussten. Die Gespräche mit diesen Menschen veranlassten mich dazu, meine medizinische Grundausbildung durch psychotherapeutische Fortbildungen zu erweitern. Es war zu offensichtlich, wie eng der Körper und die Psyche miteinander verwoben sind – und mein Wunsch war es, einen Menschen umfassend erfassen und begleiten zu können. Die letzten 20 Jahre konnte ich dann »direkt am Klienten« den Wandel unserer Gesellschaft hautnah mitverfolgen. Heute spricht nicht eine Person über akute Belastungssymptome, nein, das Thema begegnet mir flächendeckend, egal wohin ich schaue.

Meine Erfahrung aus Seminaren der letzten Jahre ist erschütternd und alarmierend: Egal mit welcher Gruppierung ich es zu tun habe, stets berichtet mir ein Drittel der Gruppe, am Anschlag der Kräfte zu sein. Die Menschen erleben sich selbst oftmals als leer, urlaubsbedürftig, ausgepresst, überdreht, von sich selbst abgeschnitten. Diesen Menschen fällt es immens schwer, nach der Arbeit abzuschalten, manche können beim besten Willen ihre Batterien nicht mehr aufladen. Wie bei einer Autobatterie ist ihr innerer »Energiepegelstand« zu weit unten, als dass sie sich selbst wieder aufladen könnten.

Ein weiteres Drittel gesteht, mit der Leistungsfähigkeit noch ganz gut zurechtzukommen. Diese Menschen leiden zwar auch unter einem anhaltenden Druck, der beständig Kräfte zehrt, aber sie schaffen es immer wieder, sich dieser Erschöpfung zu entwinden und sich selbst etwas Gutes zu tun. In den meisten Fällen befindet sich tatsächlich nur ein Drittel meiner

Seminarteilnehmer im Vollbesitz seiner Kräfte und strahlen Lust und Energie an ihrer Arbeit aus. An dieser Stelle setzt das Resilienztraining an. Es ermutigt dazu, Burnout-Symptome ernst zu nehmen und sie präventiv anzugehen: Nicht warten, bis die Überbeanspruchungen und die Erschöpfung zu groß werden und den ganzen Organismus schachmatt setzen – sondern im Vorfeld die Bremse ziehen, Symptomen auf den Grund gehen, Handlungsspielräume erkennen und direkt nutzen. Vom Hamster im Rad zum Fels in der Brandung – diese Transformation entsteht durch Selbstbewusstsein und Achtsamkeit. Diese Eigenschaften kann jeder von uns kultivieren, wenn er nur will.

Was heißt Resilienz?

Widerstandskraft, Belastungsfähigkeit und Flexibilität, all diese Eigenschaften, die viele heutzutage dringend brauchen, werden mit dem Begriff »Resilienz« umschrieben. Es ist ein Grundgedanke, der aus der Werkstoffkunde stammt, und er schildert die Fähigkeit eines Stoffs, nach einer Verformung durch Druck- oder Zugeinwirkung wieder in seine alte Form zurückzukehren. Diese Bezeichnung veranschaulicht also die Fähigkeit eines Systems, von außen und innen kommende Irritationen ausgleichen oder ertragen zu können, ohne dabei kaputtzugehen. Das Material übersteht Verformungen, ohne dabei die eigene, ursprüngliche Form einzubüßen. Im Lateinischen existiert die Vokabel »*resilire*«, und sie bedeutet »zurückspringen« oder »abprallen«. Im Deutschen ist keine allgemein gültige Definition für dieses Wort vorhanden – es wird in der Regel als Synonym für Widerstandsfähigkeit, Belastbarkeit oder Elastizität verwendet. Das assoziierende Bild dabei ist das Stehaufmännchen, das sich aus jeder beliebigen Lage wieder aufzurichten vermag.

Die Kinderpsychologie kennt diesen Terminus schon länger und bemüht ihn, wenn Kinder oder Jugendliche trotz schwieriger Lebensumstände in eine gute Entwicklung finden. Emmy E. Werner, eine amerikanische Entwicklungspsychologin, machte zu diesem Phänomen eine spannende Längsschnittstudie. Sie begleitete über 40 Jahre lang die Entwicklung von ungefähr 700 Kindern, die im Jahre 1955 auf der Hawaii-Insel Kauai geboren wurden. All diese Kinder wuchsen in einem sehr unterschiedlichen Milieu auf. Die einen lebten sehr wohlbehütet und in einem geschützten, liebevollen

Umfeld. Andere dagegen hatten mit schwierigsten Bedingungen in ihrem Elternhaus und ihrer Umgebung zu kämpfen. Wider Erwarten konnte ein Drittel der vorbelasteten Risikokinder einen erfüllten und stabilen Lebensweg einschlagen. Emmy Werner gelang es, verschiedene Faktoren zu identifizieren, die diese Kinder beziehungsweise Erwachsenen von den anderen zwei Dritteln differenzierten. Es waren zum einen günstige Charaktereigenschaften, über die diese Kinder selbst verfügten. Sie wurden als gutmütig, liebevoll und ausgeglichen beschrieben. Zum anderen erwiesen sie sich als kommunikativ, wenig ängstlich, konnten Umstände reflektieren und sich ein eigenes Bild davon machen. Sie besaßen gute Problemlösefähigkeiten und konnten auch Dinge realistisch einschätzen.

Darüber hinaus gab es psychisch schützende Faktoren in ihrem Umfeld. Wichtig war, dass die Kinder eine stabile Bindung an einen Erwachsenen aufbauen konnten und von diesem zuverlässig unterstützt wurden. Die resilienten Kinder neigten dazu, sich in Krisenzeiten nicht nur auf ihre Eltern oder Erziehungsberechtigten zu verlassen, sondern suchten auch bei Verwandten, Freunden, Nachbarn oder älteren Menschen in ihrer Gemeinde Rat und Trost. Die Verbindungen mit Freunden aus stabilen Familien hielten oft ein Leben lang und halfen den Kindern, eine positive Lebensperspektive zu entfalten. Ein Lieblingslehrer oder ein Pfarrer konnte für die Kinder zum positiven Rollenmodell werden.

Die Längsschnittstudie deckte Einflussfaktoren auf, die das Risiko von psychosozialen Störungen beziehungsweise Erkrankungen mildern beziehungsweise einschränken konnten:

- angeborene Eigenschaften des Individuums,
- Fähigkeiten, die der Einzelne in Interaktion mit seiner Umwelt erwarb sowie
- umgebungsbezogene Faktoren.

Diese Ergebnisse deuten auf einen Zusammenhang hin, den ich durch meine persönlichen Beobachtungen ganz und gar bestätigen kann. Innere Widerstandskraft, Selbstbewusstsein, Gelassenheit und Souveränität lassen sich kraftvoll fördern, wenn man auf verschiedenen Ebenen gleichzeitig ansetzt: bei der Beziehung zu sich selbst, beim Kontakt zu anderen Menschen und bei der aktiven Gestaltung der umgebenden Einflussfaktoren. Resilienz ist keine Eigenschaft, die uns Menschen von Natur aus in die Wiege gelegt wurde. Sie ist eine Veranlagung, die in jedem Menschen unterschiedlich ausgeprägt ist und aktiv angestoßen sowie gestärkt werden kann.

Ganz außer Frage gibt es Personen mit einer besonders ausgeprägten Stressresistenz oder einem unerschütterlich sonnigen Gemüt, die das Glas immer halbvoll sehen. Von diesen in sich ausbalancierten, robusten Menschen laufen aber gar nicht so viele herum, wie man denkt. Bei genauerer Betrachtung ist das angeborene Stehaufmännchen-Gen eher die Ausnahme. Viel öfter bilden Menschen erst im Laufe ihres Lebens diese innere Festigkeit aus, indem sie die verschiedensten Höhen und Tiefen ihres Schicksals meistern. Widerstände und Prüfungen zwingen sie dazu, alle nur möglichen Ressourcen und Potenziale in sich selbst flottzumachen. Mir erging es nicht anders. Als junger Mensch war ich von einem Zustand des Einklangs und der inneren Gelassenheit noch Lichtjahre entfernt. Aber ich trug den unerschütterlichen Wunsch nach einem erfüllten, glücklichen Leben in mir und schwor mir, nicht locker zu lassen, bis ich dieses Ziel erreicht hätte.

So begann ich, mit mir selbst systematisch zu arbeiten. Ich fing an, ganz bewusst auf Spurensuche zu gehen. Ich erkundete, was meinem Körper und meiner Psyche wohltat und mich in ein stabileres inneres Gleichgewicht brachte. Alle Gedanken, Blickpunkte und Übungen, die Sie in diesem Buch finden, sind durch meinen lang andauernden persönlichen Entwicklungsweg und meine Arbeit mit vielen unterschiedlichen Menschen herangereift. Ich freue mich, Ihnen in diesem Buch meine praxisnahen Erfahrungen weitergeben zu können.

Das H.B.T. Human Balance Training – eine ganzheitliche Arbeitsmethode

Durch meine unterschiedlichen Erfahrungs- und Ausbildungswege konnte ich eine integrale Arbeitsmethode entwickeln, die den Menschen in all seinen Dimensionen von Körper, Gefühl, Verstand und Seele anspricht. Das H.B.T. Human Balance Training vereint daher unterschiedliche Erkenntnisse und Methoden des Coachings und des Kommunikationstrainings, der humanistischen und transpersonalen Psychotherapie, der Körpertherapie und Körperarbeit, west-östlicher Weisheitslehren, der Neurobiologie sowie der Stressforschung. Die Zusammenführung dieser verschiedensten Arbeitsansätze ermöglicht einen fundierten und gleichzeitig zügigen Zugang zur eigenen Person. Alle Lebensfelder eines Menschen, ob beruflich oder privat, und all seine Erfahrungen, ob gegenwärtig oder biografisch, sind in der Arbeit willkommen und werden in ihren vielfältigen Verflechtungen wahrgenommen und bearbeitet.

Die Human-Balance-Kompasse, die Sie im Laufe des Buchs kennenlernen, sorgen für eine übersichtliche Darstellung der unterschiedlichsten Facetten und Themenbereiche. Sie helfen, Dinge immer wieder im Zusammenhang zu betrachten und so einen systemischen Blick zu schulen. Sie greifen Themen auf, die jeden Menschen betreffen und die er in einen harmonischen Zusammenklang bringen möchte. Der folgende Human-Balance-Kompass stellt den Menschen in seinen vielfältigen Lebensfeldern dar:

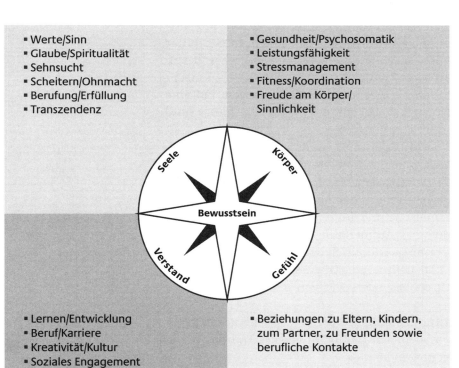

- Werte/Sinn
- Glaube/Spiritualität
- Sehnsucht
- Scheitern/Ohnmacht
- Berufung/Erfüllung
- Transzendenz

- Gesundheit/Psychosomatik
- Leistungsfähigkeit
- Stressmanagement
- Fitness/Koordination
- Freude am Körper/ Sinnlichkeit

Seele

Körper

Bewusstsein

Verstand

Gefühl

- Lernen/Entwicklung
- Beruf/Karriere
- Kreativität/Kultur
- Soziales Engagement
- Gesellschaft

- Beziehungen zu Eltern, Kindern, zum Partner, zu Freunden sowie berufliche Kontakte

Mit dieser Methode konnte ich in den letzten Jahren so gute Erfahrungen sammeln, die mich davon überzeugen, dass sich eine integrale Vorgehensweise ganz besonders für das Training der persönlichen Resilienz eignet.

Die meisten meiner Klienten, die sich zu einem Seminar oder einem Einzelcoaching anmelden, befinden sich in einer für sie bedrückenden Situation. Oft haben sie sich über Jahre oder Jahrzehnte in eine Lebenskonstellation hineinmanövriert, der gegenüber sie mit ihren persönlichen Bewältigungsstrategien heillos überfordert sind. Bei vielen dieser Personen korreliert die gegenwärtige Überforderung mit seelischen Gewichten, die sich in ihrem Lebensrucksack verbergen. Eine schwierige Kindheit, Verlust, Krankheit, Traumatisierung oder andere Schicksalsschläge binden ihre Lebensenergie in tiefen Schichten ihres Seins. Dazu gesellen sich die aktuellen Aufgaben im Job, die meistens nicht weniger, sondern immer mehr werden. Diese Menschen haben in der Regel schon viel ausprobiert, wissen theoretisch sehr viel und können ihre guten Erkenntnisse in der Praxis dann doch nicht realisieren. Eine Unterscheidung zwischen beruflichen und privaten oder gegenwärtigen und vergangenen Inhalten macht an dieser Stelle keinen Sinn, da die Themen ineinandergreifen und eine Gesamtdynamik entwickelt haben. Daher gilt es, anders beziehungsweise umfassender anzusetzen.

Um all diese subtilen Verflechtungen transparent zu gestalten und zielführend bearbeiten zu können, braucht es Achtsamkeit und Reflexion. So rückt in jedem der Human-Balance-Kompasse, die ich zur Resilienzförderung entwickelt habe, das Bewusstsein in den Mittelpunkt. Der »Achtsamkeitsmuskel« will täglich trainiert sein, denn er braucht wie alle anderen Muskeln unseres Organismus viel Aufmerksamkeit und kontinuierliche Beanspruchung. In meinen Trainings widme ich mich, neben der umfassenden Bewusstseinsschulung, klar definierten Arbeitsstufen, die ich bei der Entfaltung von innerer Kraft als besonders wertvoll und gewinnbringend erachte.

Die folgenden zehn Schritte helfen dabei, die persönliche Resilienz zu trainieren. Sie bilden den Leitfaden, den Sie für Ihr eigenes Training beziehungsweise für Ihre Klienten nutzen können.

Zehn Schritte für die persönliche Resilienzförderung

- Innehalten – die Kunst der kleinen Pause
- Standortbestimmung und Rollenklärung
- Das Energiefass füllen
- Den Lebensrucksack entlasten
- Die inneren Antreiber ausbalancieren
- Grenzen setzen – Grenzen wahren – Grenzen öffnen
- Konflikte aktiv angehen
- Konsequente Ausrichtung auf Handlungsspielräume
- Halt im Netzwerk
- Verankerung in der eigenen Kraft und Ruhe

Ein Mensch, der allein diese zehn Themen für sich reflektiert, bearbeitet und sie beständig in seine Tagesgestaltung integriert, wird von nichts und niemandem aufzuhalten sein, sein Leben in erfüllende Bahnen zu lenken. Nicht einmal von sich selbst. Wem die persönliche Weiterentwicklung wirklich am Herzen liegt, der wird sich die Mühe machen, ein wenig tiefer zu schauen und seine eigenen Denk-, Gefühls- und Verhaltensweisen sorgfältig auf den Prüfstand bringen. Unser Auto fahren wir regelmäßig in die Werkstatt und durch den TÜV. Warum nicht auch unseren eigenen Organismus? Auch er bedarf der sorgfältigen Hege und Pflege, um uns viele lange Jahre für ein glückliches und aktives Leben zu Diensten zu stehen.

Das vorliegende Buch möchte Sie, liebe Leserin, lieber Leser, auf eine Reise der Selbsterforschung einladen. Die folgenden Kapitel zeigen die einzelnen Trainingsschritte detailliert auf und verbinden Hintergrundwissen mit praktischen Erfahrungen und Übungen. Ich würde mich freuen, wenn Sie sich durch meine Ausführungen ermutigt fühlen, einfach hineinzuspringen in die praktische Erfahrung. Probieren Sie die vorgestellten Übungen für sich selbst und im Austausch mit Ihren Lebens- und Berufspartnern einfach aus. Nehmen auch Sie sich ein wenig Zeit und fahren Sie Ihr Leben einmal durch den TÜV. Sie werden schnell die ersten Früchte Ihrer inneren Arbeit ernten können!

Der Weg ist nicht schwierig – ganz im Gegenteil. Alles, worüber ich spreche, ist kinderleicht und mit dem gesunden Menschenverstand nachzuvollziehen. Es braucht nur die Entscheidung, tatsächlich loszulegen. Viele meiner Gedanken werden Ihnen nicht neu vorkommen … und dennoch: Wenn Sie schlichte Wahrheiten, die Sie vielleicht schon vielfach gehört haben, konsequent in Ihr Fühlen, Denken und Handeln integrieren, werden Sie in kürzester Zeit eine ungeheure Wirkung verspüren. Wie sich mein Leben anfühlt und gestaltet, ist kein Zufall, sondern liegt zu großen Teilen in meiner Hand. Was es braucht, ist Beharrlichkeit, Geduld und Humor mit sich selbst, um sich nicht abschütteln zu lassen auf dieser Reise in die eigene Kraft.

Literaturtipps: Wer die Inhalte des H.B.T. Human Balance Training und die Aspekte von persönlicher und organisationaler Resilienz vertiefen möchte, kann weiterlesen: »Handbuch Integrales Coaching« (2010) und »Handbuch Resilienz-Training« (2011).

Speziell für Führungspersonen, die ihre eigene Widerstandskraft und die Ihrer Mitarbeiter fördern wollen, ist das Buch »Resilienz-Training für Führende« (2012) gedacht.

Mit den »75 Bildkarten Resilienztraining« (2015) können Trainer und Coaches mit ihren Teilnehmern und Klienten realistische Schritte zur Achtsamkeit trainieren und den Weg hin zu einer aufmerksamen Unternehmens- und Führungskultur ebnen.

Die beiden Resilienzexperten Sylvia Kéré Wellensiek und Dr. Joachim Galuska liefern im Buch »Resilienz – Kompetenz der Zukunft« (2014) einen Überblick über die aktuelle Resilienzforschung. Darauf aufbauend stellen sie dar, was jeder Einzelne, Unternehmen, Organisationen und die Gesellschaft tun können, um die zunehmenden Belastungen in der Arbeitswelt und Gesellschaft besser zu bewältigen.

Und auf der DVD »Fels in der Brandung statt Hamster im Rad« kann der gesamte Trainingsablauf live erlebt werden. Vor der traumhaften Kulisse des Starnberger Sees trainieren sechs Erwachsene gemeinsam mit Sylvia Kéré Wellensiek ihre eigene Widerstandskraft. Sylvia Kéré Wellensiek erläutert den Trainingspfad der zehn Schritte und nimmt die Teilnehmerinnen und Teilnehmer mit auf die Entdeckungsreise zu ihren eigenen Ressourcen, Wünschen und Bedürfnissen.

Trailer auf:

http://www.beltz.de/fachmedien/training_coaching_und_beratung/buecher/produkt_produktdetails/7598-fels_in_der_brandung_statt_hamster_im_rad.html

Der Trainingsplan

SCHRITT 1:
Innehalten und die eigenen Bedürfnisse wahrnehmen

An der eigenen Tür ankommen
»Die Zeit wird kommen,
da du voller Überraschung
dich selbst als Ankömmling
an deiner eigenen Tür begrüßen wirst ...«
Derek Walcott

(Aus dem Gedicht: Love after Love)

Schenken Sie sich selbst Aufmerksamkeit und Respekt

Immer unter Strom

Vor einigen Jahren kam eine berufstätige Mutter zu mir. Sie war Anwältin und hatte neben ihrem anstrengenden Job auch noch zwei kleine Kinder und einen Haushalt zu meistern. Sie und ihr Mann hatten ihren Alltag gut organisiert – eigentlich brachten sie alles unter einen Hut, wären da nicht ihre seltsamen Kopfschmerzen gewesen. Seit Monaten wurde sie von einem immer stärker werdenden Druck im Kopf bedrängt, der ihren täglichen Fahrplan komplett über den Haufen warf. Der dumpfe Schmerz ließ sie unkonzentriert und fahrig werden. Er zwang sie dazu, Ruhe zu geben, sich hinzulegen und jegliche Außenreize auszublenden.

Wir begannen ihren »Lebens-TÜV« mit einer ersten Bestandsaufnahme. Ich ließ sie am Boden mithilfe von Seilen und Symbolen ihre gesamte Lebenskonstellation auslegen. Wir betrachteten vielfältigste Themenfelder gleichzeitig: die Beziehung zu ihrem Mann und ihren Kindern, zu ihren Eltern und Freunden, die Erfahrungen, die sie in ihrem Beruf machte, ihre Hobbys, ihre Wohnsituation, ihren Gesundheitszustand, ihr Sinn- und Werteverständnis – und zusammenfassend ihre Beziehung zu sich selbst. Nachdem sie das dreidimensionale Schaubild komplettiert hatte, ließ ich sie zur Seite treten und sie ließ die Gesamtschau einen Moment auf sich einwirken. Dann befragte ich nacheinander ihren Verstand, ihr Herz und ihren Körper, was sie empfinden und assoziieren würde, wenn sie auf das Bild ihres Lebens blickte.

Auf der Verstandesebene wiederholte sie die Aussagen, die sie zu Anfang unseres Gesprächs getroffen hatte: »Mein Leben ist wunderbar. Es ist reich angefüllt mit Menschen und Tätigkeiten, die mir wichtig sind. Ich liebe mein Leben genau so, wie es ist.« Daraufhin befragte ich ihr Herz, ihre Gefühle. Ihre Antwort kam nun nicht mehr so sicher und schnell. Sie stellte fest, dass sie neben der eben geschilderten Freude auch eine eigentümliche Traurigkeit in sich verspürte. Sie konnte sich das Gefühl kaum erklären. Ich bat sie nun, auch in ihren Körper hineinzulauschen: »Was für Körperempfindungen tauchen in Ihnen auf, wenn Sie auf die Darstellung schauen?

Fühlen Sie sich wohl und entspannt oder taucht in einem der Körperteile ein Spannungsgefühl oder Sonstiges auf?« Kaum sprach ich die Sätze aus, setzten die Schmerzen in ihrem Kopf ein. Sie fühlte einen zunehmenden dumpfen Druck und ein unangenehmes Ziehen.

Wir ließen uns Zeit, diesem körperlichen Symptom sehr genau zuzuhören. Ich lud sie ein, die Augen zu schließen und sich vorzustellen, dass sie wie ein kleines Wesen in ihren Kopf hineinklettern und von dort ihren Schmerz von innen betrachten könne. Nach einiger Zeit gelang es ihr, den Kopfschmerz bildhaft vor sich zu sehen. Er erschien ihr als ein träger Strom aus Blei – grau, kalt, schwer, behäbig und abweisend. Nach und nach konnte sie mit diesem inneren Bild in Kontakt treten und es befragen, warum es da war. Der Strom aus Blei lieferte ihr unglaublich präzise Antworten. Dass er sich auch nicht wohlfühle, existent zu sein, aber dass er ein Gegengewicht zu ihrer ständigen Unruhe bilden würde. Sie würde ja schon immer durch ihr Leben rennen und dem Kopf keine Pause schenken. Nur durch seine Anwesenheit und sein zähes Fließen würde ihr Denken verlangsamt werden. Nach und nach löste sie sich von dem inneren Bild – in dem Moment, als sie die Augen öffnete, brachen Tränen aus ihr hervor: »*Ja, der Kopfschmerz hat recht. Schon seit meiner Schulzeit strenge ich mich wahnsinnig an, gut zu sein und alles richtig zu machen. Ich setzte stets alles dran, immer super Noten zu erreichen und all meine Prüfungen möglichst schnell zu absolvieren. Ich habe gelernt, gut zu funktionieren – das kann ich perfekt. Mein Kopfschmerz schafft das, was bisher noch kein Mensch und kein Ereignis bewirkt haben. Er zwingt mich dazu, abzuschalten und nichts zu tun.*«

Nach dieser schmerzhaften Erkenntnis widmeten wir uns ihren innersten Gefühlen und Wahrnehmungen, ihren Wünschen und Sehnsüchten. Ich erkundigte mich, was sie mit all ihren Leistungen und Erfolgen erreichen wollte. Natürlich ging es bei ihr (wie bei mir und allen Wesen dieser Erde auch) um Wertschätzung, Liebe und Respekt. Irgendwann hatte sie Leistung mit Anerkennung gekoppelt – und diese Prägung hatte sie nun fest im Griff. Ohne dass ich näher nachzuforschen brauchte, öffnete sich eine tiefere Ebene in ihr, und neben den starken Gefühlen offenbarte sich eine feine Empfindungsebene – die Seele meldete sich zu Wort. In ihr ist unser Sinn- und Werteverständnis beheimatet, die Kenntnis über unser ureigenes Potenzial, unsere Talente, unsere Kraft und individuelle Berufung. Die Seele sprach ganz ruhig aus ihr. Dass sie bisher ein sehr gutes, begünstigtes Leben führen konnte und ihr vieles geschenkt wurde. Ein stabiles Elternhaus, gute Ausbildungen, ein spannender Beruf, ein liebevoller Partner und gesunde Kinder. Aber dass sie trotz dieser erfüllten Situation an etwas ganz Wesentlichem vorbeirannte: an der Beziehung zu sich selbst. An der Beachtung ihrer authentischen Bedürfnisse. Sie schenkte sich selbst und ihren eigenen Beobachtungen keinen Respekt, negierte ihre ureigene, innere Wahrheit. Den Ansichten und Vorstellungen der anderen gewährte sie oftmals den Vortritt. Und sie war zu sich selbst streng, sehr streng. Sie hatte maßlose Vorstellungen davon, wie perfekt sie zu sein hätte, um liebenswert zu wirken.

Wumm – die Botschaft saß! Wir machten erst einmal eine Pause. Danach übten wir intensiv innezuhalten, mit sich selbst verbunden zu sein, sich selbst zuzuhören und Beachtung zu schenken – nicht nur dem Verstand, sondern auch den Botschaften von Körper, Herz und Seele zu lauschen – Freundschaft mit sich selbst zu schließen.

Achtsamkeit – die stärkste Kraft, die wir besitzen

Innehalten – einen Moment die Aufmerksamkeit von den äußeren Erlebnissen abwenden und sie nach innen zu richten, ist die elementarste Grundübung, um mit sich selbst in Kontakt zu sein. Um unsere Gedanken, Gefühle und Empfindungen differenziert wahrnehmen zu können, müssen wir lernen, immer wieder das Tempo herauszunehmen. Inmitten unseres Alltagstrubels sollten wir uns angewöhnen, Pausen der Reflexion und des Nachspürens einzulegen, um unsere eigenen, feinen Wahrnehmungen nicht zu übergehen. Auf Neudeutsch: Es geht um Entschleunigung, und zwar nicht erst abends an der Bar oder in der Yogagruppe, sondern mittendrin im täglichen Sturm.

Leicht gesagt und schwer getan. Denn bei vielen Menschen schlägt täglich die Macht der Gewohnheit durch. Schon seit vielen Jahren, oft Jahrzehnten, eilen sie durch ihren Tag und spulen viele ihrer Tätigkeiten ab, ohne sie zu hinterfragen. Angetrieben werden sie dabei auf der einen Seite von alltäglichen Abläufen, Aufgaben und Herausforderungen, die keinen Aufschub zulassen. Auf der anderen Seite schubst sie ihr eigenes Selbstgespräch in Form des inneren Richters durch den Tag – von diesem Kameraden können Sie später noch ausführlicher lesen (s. S. 65 ff.). Dieses Sich-durch-den-Tag-Treiben hat zur Folge, dass die eigenen Gefühle und Empfindungen keine Beachtung finden.

Viele Menschen haben schon früh geübt, ihre authentischen Regungen zu unterdrücken und auszublenden. Gerade Männer haben von Kindesbeinen an gelernt, die Zähne zusammenzubeißen und sich keine Gefühle anmerken zu lassen. Aber Frauen beherrschen die Kunst der Verdrängung ebenfalls recht gut. In vielen Situationen ist diese Fähigkeit, Gefühlsstimmungen nur selektiv an sich heranzulassen, durchaus hilfreich. Denn es gibt Lebenssituationen, in denen wir scheinbar keine Wahl haben. Wir müssen uns zusammenreißen und durchhalten, um Schwierigkeiten zu meistern. Bei dieser Verhaltensweise gilt es aber, sehr genau zu differenzieren: zwischen unveränderbaren Einflüssen und Konstellationen, auf die wir persönlich nicht einwirken können, und veränderbaren Situationen, auf die wir sehr wohl Einfluss nehmen können. Bei Ersteren sollten wir keine Kraft verschwenden und uns gegen Dinge stemmen, die wir nicht lenken können. Bei der zweiten Variante, die uns bei genauer Prüfung viel öfter im Leben begegnet, gibt es auf Dauer keinen Grund, uns Umstände zuzumuten, die uns im Grunde unseres Herzens überlasten oder gegen den Strich gehen. Der Verstand berät uns eher dazu, uns anzupassen und eigene Bedürfnisse wegzudrücken. Körper, Herz und Seele sprechen eine andere Sprache, denn sie sind unbestechlich klar und authentisch in ihrer Wahrnehmung.

Da es gerade heute viele Belastungen gibt, denen wir nicht ausweichen können, ist es umso wichtiger zu identifizieren, von welchen Gewichten wir uns aktiv trennen können. Fühlen Sie sich nicht auch manchmal als Packesel? Als braves Maultier, das sich immer höher beladen lässt und mit seinen Gewichten lieb und artig im Kreis läuft? Wer lädt Ihnen das ganze Zeug überhaupt auf? Und welches der Pakete wiegt schwerer? Sind es die äußeren Pflichten und Aufgaben oder sind es unausgefochtene Konflikte, mangelnde Wertschätzung, eigene Perfektionsansprüche, Sorgen um andere Menschen, einschränkende Verhaltensweisen, denen Sie nicht entkommen können, begründete und unbegründete Ängste?

Wahrscheinlich fühlt sich Ihr Gepäck wie ein Potpourri von allem an, eng verknotet und verstrickt. Ein Bündel hängt mit dem anderen zusammen und wirkt in dieser Verflochtenheit schier unauflösbar. Aus diesem Grund scheuen sich auch viele Menschen, ihr Gepäck genauer zu inspizieren, da sie sich keine Chance ausrechnen, ihr Leben nachhaltig entlasten zu können. Meiner Erfahrung nach ist diese Klärung und Entlastung oftmals undramatischer als gedacht. Und dennoch verlangt es Kraft und Abenteuergeist, um aus uralt bekannten Rillen auszusteigen.

Wer bin ich, und was brauche ich?

Sich einen Moment der Ruhe zu schenken und offen in sich selbst hineinzulauschen, ist ein mächtiges Instrument, da es eine tiefere Wahrheit an
die Oberfläche befördert. In einem meiner letzten Seminare verordnete sich
ein Teilnehmer die Hausaufgabe, dreimal am Tag innezuhalten und sich zu
fragen, wie es ihm tatsächlich geht. Nach einigen Tagen schickte er mir eine
aufgeregte E-Mail: »*Die Frage geht gar nicht! Ich stelle fest, dass es mir oft
nicht gut geht! Welche Konsequenzen hat das für meine berufliche und private
Situation?*« In diesem kleinen Beispiel offenbart sich der Sprengstoff, der
in der Ausübung von Achtsamkeit und dem In-Kontakt-sein-mit-sich-selbst
schlummert. Der Mann stieß in seiner Offenheit auf eine tiefere Wirklichkeit seines Selbst: nämlich, dass die von ihm kreierte Lebenssituation in
ihrer Zusammensetzung von beruflichen und privaten Komponenten nicht
den wirklichen Bedürfnissen seines Wesenskerns entsprach.

Und was nun? Wer unbequeme Fragen stellt, erhält unbequeme Antworten …

Vielleicht sollte man das Fragen von vornherein lassen?! Wir alle wenden
diese Taktik des Nicht-genau-wissen-Wollens ständig an, und sie funktioniert auch immer wieder. Nur herrscht die Gefahr, dass uns die Antworten plötzlich ungefragt von hinten überrollen – dann sind wir nicht mehr
Gestalter unserer Tage, sondern Opfer der Umstände. Alle Klienten, die ich
durch einen Burnout oder eine andere psychosomatische Erkrankung hindurch begleiten konnte, erzählten mir, ihre Erkrankung habe sich lange
vorher angekündigt. Ihr Körper, ihr Herz und ihre Seele hätten deutliche
Warnschüsse abgefeuert, dass sie ihr Tempo entschleunigen und ihr Leben
umstellen sollten. Die meisten bereuten im Nachhinein, dass sie sich selbst
an dieser Stelle übergangen hatten. Sie waren einfach nicht in der Lage, ihrer eigenen Wahrheit rechtzeitig Aufmerksamkeit und Vertrauen zu schenken. Der langwierige Gesundungsprozess bringt es ihnen dann bei. Aber
dieses schmerzhafte Lernen muss nicht sein! Mein großes Anliegen ist es,
Menschen präventiv zu schulen.

Prävention beginnt mit Ehrlichkeit sich selbst gegenüber. Stimmt mein
Leben für mich, so wie es sich zusammensetzt, oder spüre ich in meinem
Inneren ein verstärktes Unwohlsein? Wenn ja – dann heißt es, auf die Bremse zu steigen und dieser Irritation nachzugehen. Das innere Ruhigwerden
kann uns also infolgedessen recht unruhig werden lassen – und das ist gut

so, wenn wir diese Energie nutzen und in einen konstruktiven Entwicklungsprozess umsetzen.

Begegnung mit dem Wesenskern

Innehalten hat aber auch noch eine andere ganz wunderbare Wirkung. Es kann uns auf sehr schlichte Art und Weise mit unserem innersten Wesenskern verbinden. Genauso, wie wir uns angewöhnt haben, oftmals durch den Tag zu eilen, können wir uns beibringen, regelmäßig eine Pause einzulegen. Wir steigen dabei aus dem Gedankenstrom des Alltagsbewusstseins für einen Moment heraus und verorten uns in einem erweiterten Bewusstseinszustand. Er stellt sich ganz von alleine ein, sobald wir unsere Aufmerksamkeit auf den Körper und unseren Atem richten. »Nichts tun« außer da zu sein, den Körper zu spüren, den Atem zu vertiefen, anbrandende Gedanken ziehen zu lassen – dieser Moment der kurzen Verinnerlichung verbindet uns Menschen ganz einfach mit einem Raum der Ruhe in uns selbst. Das Eintauchen in diesen Raum gleicht einem Bad in einer Quelle, in der wir Kraft tanken können, Entspannung erfahren und geistige Erfrischung erleben. Hierfür möchte ich Ihnen eine simple Übung anbieten.

Übung: Innehalten im Alltag

Innehalten bedeutet, den Arbeitsalltag für einen kleinen Moment zu unterbrechen. Treten Sie innerlich und äußerlich einen Schritt zurück aus dem täglichen Geschehen. Legen Sie eine kurze Pause ein, und widmen Sie sich einen Moment lang ganz sich selbst. Dieses bewusste In-sich-hinein-Empfinden ist die einfachste Möglichkeit, um mit der eigenen Mitte in Kontakt zu treten.

Ziel
Sie sensibilisieren sich für die Möglichkeit von kurzen Pausen im Alltag. Sie erfahren, wie schnell und unkompliziert sich Ihr Körper öffnen und entspannen kann. Sie erleben, wie Sie sich in nur wenigen Minuten tief regenerieren können. Sie lernen, sich in Ihrer ureigenen Kraft und Mitte zu verankern. Diese Übung können Sie ganz bewusst einsetzen,

- wann immer Sie bemerken, dass Sie nicht im direkten Kontakt zu sich selbst stehen,
- wenn Sie sich geistig oder körperlich erschöpft oder unter Spannung fühlen,

---

- vor oder während schwieriger Gespräche beziehungsweise Situationen, in denen Sie Ihre innere Ruhe bewahren möchten,
- nach schwierigen Gesprächen beziehungsweise Situationen, um sich neu zu sammeln, Anspannungen abzustreifen, das Erlebte wirken zu lassen sowie
- nach schönen Erlebnissen, um das Erfahrene tief in den Zellen zu genießen und zu verankern …

Übungsablauf

Nehmen Sie sich einen Augenblick Zeit und suchen Sie sich einen Platz, an dem Sie für einen Moment unbeobachtet sind. Je geschulter Sie im Innehalten sind, desto eher können Sie diesen kurzen Augenblick der Rückbindung an sich selbst auch innerhalb eines Gesprächs erleben, beim S-Bahnfahren, beim Warten in einer Schlange, beim Autofahren, wenn Sie an einer roten Ampel stehen und so weiter.

Die kleine Pause bietet dem Bewusstsein die Gelegenheit, um sich von Außenreizen zu lösen und den Fokus nach innen zu wenden.

Nichts muss geschehen. Sie spüren Ihren Atem.

Lauschen Sie in sich hinein.

Seien Sie einen Augenblick lang in Berührung mit sich selbst.

Schenken Sie Ihren authentischen Empfindungen ganze Aufmerksamkeit.

Wenn es Ihnen Freude macht, dann widmen Sie sich auch Ihrem Körper. Dehnen und Strecken Sie Ihren Körper. Bewegen Sie Ihre Glieder, wie es Ihnen Freude bereitet und gerade in den Sinn kommt.

Durch die Bewegung vertieft sich Ihr Atem. Es ist, als würden Sie ein Fenster öffnen und frische Luft in die Zellen hineinlassen. Die kleine Erquickung wirkt tief. Sie kann Gedanken und Gefühlen eine andere Richtung geben. Probieren Sie es aus – das Ganze dauert nicht länger als eine halbe Minute.

Wenn Sie mehr Zeit haben, dann wenden Sie sich bewusst Ihren Fußsohlen zu. Bewegen Sie ein wenig Ihre Füße.

Dabei rutscht Ihre Selbstwahrnehmung, die sich im Alltagstrubel meistens auf Kopfhöhe befindet, einmal durch den ganzen Körper nach unten. Sie erinnern sich, dass Sie festen Boden unter Ihren Füßen haben. Sie senken in Ihrer Vorstellungskraft dicke Wurzeln in den Boden.

Von den Füßen aus wandern Sie wieder nach oben. Sie prüfen, ob Ihre Knie im Stehen durchgedrückt sind oder ein wenig federn dürfen. Sie befühlen die Spannung Ihrer Muskeln im Gesäß und in der Bauchdecke. Sie laden die Zellen dazu ein, sich zu entspannen und überflüssige Spannung abzugeben. Meistens weitet sich der Bauchraum – und der Atem vertieft sich.

Dann besuchen Sie den Brustraum, die Schultern, den Nacken, das Kiefergelenk. Es ist nur ein kurzes Hallo-Sagen, eine freundschaftliche Berührung mit der Einladung: Erleichtere dich, werde weiter, freier …

Mit ein wenig Übung dauert dieser Spaziergang durch den Körper zwei, drei Minuten. Er verändert Kleinigkeiten in der Körperhaltung, der Aufrichtung, der Durchlässigkeit. Gehaltene Energie kommt sofort ins Fließen. Ihre Grundstimmung verändert sich.

Es ist ein simpler Mechanismus, der sich auf der Körperebene besonders gut nachvollziehen lässt:

- Anspannung trennt sich von Ihnen ab.
- Öffnen sich Ihre Zellen, dann kommen Sie sofort in Berührung mit all Ihren Sinnen.
- Sie können in sich hineinlauschen, tasten, schnuppern, sich selbst wahrnehmen.
- Der Atem hebt und senkt sich.
- Sie werden ruhig.
- Zeit steht still.
- Sie tauchen ein in weiten Raum.

Nun kehren Sie in den Alltag zurück. Während sich Ihr Bewusstsein wieder auf die Außenwelt richtet, bleibt Ihr Selbstgefühl in Ihrer Mitte verankert. Diese Verankerung kann Sie eine ganze Weile begleiten. Irgendwann tragen Sie äußere Geschehnisse wieder fort aus Ihrer Ruhe. Nach einer Weile bemerken Sie es. Dann halten Sie wieder inne und sagen sich:

»Mich sein lassen.
Der Augenblick zählt.
Die Freude an mir selbst.
Die unendliche Weite und Fülle, die ich in mir spüre.«

Was sagt die Wissenschaft dazu?

In den letzten zwei Jahrzehnten sind Wissenschaftler und Ärzte zu der Erkenntnis gelangt, dass der Körper uns in bestimmten Abständen wichtige Hinweise gibt, die uns mitteilen wollen, dass wir eine Pause machen sollten.

Phasen der Konzentrations- und Leistungsfähigkeit wechseln sich ab mit dem natürlichen Bedürfnis nach einer kurzen Ruhepause, in der der ganze Organismus erfahrene Informationen abspeichern und verarbeiten möchte.

Dieser Aktivitäts- und Ruhe-Rhythmus wiederholt sich bei jedem Menschen in einem Abstand von etwa 90 bis 120 Minuten. Das Absinken der geistigen Energie bildet eine natürliche Periode, in der eine körperliche und psychische Erneuerung sowie Erholung von den Alltagsbelastungen stattfinden können. Diese kurze Regenerationspause dient als Voraussetzung, um wieder die Spitze der Leistungsfähigkeit zu erreichen.

Literaturtipp: Ernest L. Rossi/David Nimmons: 20 Minuten Pause. Wie Sie seelischen und körperlichen Zusammenbruch verhindern können, 2007.

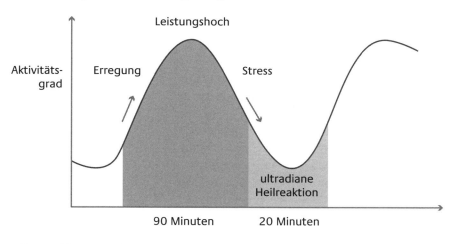

Alle 90 bis 120 Minuten bietet die Natur ein Zeitfenster der Regeneration an, damit Körper, Geist und Seele, trotz der ständigen Herausforderungen und den Veränderungen des Alltags, im Gleichgewicht bleiben. Sie können lernen, auf diese körpereigene Aufforderung zur Erholung zu achten.

Es ist der direkteste und einfachste Weg, um

- Stresssymptome und Ineffizienz abzubauen,
- wache Gelassenheit und hohe Leistungsfähigkeit zu konstituieren und
- mit sich selbst in direktem Kontakt zu stehen und nicht nur die Gedanken, sondern auch Körper, Herz und Seele wahrzunehmen.

Statt immer mehr und immer schneller – mehr Muße

Diesem Thema der gewinnbringenden Pausenzeit hat sich der Wissenschaftsredakteur der »Zeit«, Ulrich Schnabel, in seinem Buch »Muße – Vom Glück des Nichtstuns« (2011) ausführlich gewidmet. Er stellt fest:

»Muße ist zu einer bedrohten Ressource geworden. Arbeitsdruck und der Zwang zur permanenten Kommunikation lassen uns kaum mehr zur

Ruhe kommen. Dabei haben Gehirnforscher und Psychologen mittlerweile in aufsehenerregenden Versuchen gezeigt, wie wichtig die Momente süßen Nichtstuns sind: Diese fördern nicht nur die Regeneration und stärken das Gedächtnis, sondern sind auch Voraussetzung für Einfallsreichtum und Kreativität, ja sogar sportliche Höchstleistungen. Vor allem aber sind sie unabdingbar für das Finden der eigenen Mitte.«

Literaturtipp: Ulrich Schnabel: Muße. Vom Glück des Nichtstuns, 2011.

Nutzen Sie diese Möglichkeit, die uns der Organismus anbietet. Beobachten Sie Ihre Bedürfnisse und folgen Sie Ihnen, so oft es Ihnen möglich ist. Beginnen Sie, mit Momenten der Entspannung, der Ruhe und Stille zu spielen. Jeder Mensch ist ein anderer Typ. Ich zum Beispiel liebe Bewegung. Sobald ich mir eine Pause nehmen kann, suche ich mir ein ruhiges Fleckchen und dehne und strecke meinen Körper ordentlich durch. Das wirkt bei mir wie eine frische Dusche. Ein anderer schaut lieber zum Fenster hinaus und verfolgt für einen Moment die Flugformation vorbeiziehender Vögel. Oder versenkt sich an seinem iPod in seine Lieblingsmusik. Werden Sie erfinderisch und entdecken Sie Ihre Sinneskanäle neu. Durch unsere Sinne nähren wir unsere Psyche.

SCHRITT 2:
Genaue Standortbestimmung als Ausgangspunkt der Reise

»Eines Tages wusstest du endlich,
was du zu tun hattest, und fingst damit an,
auch wenn die Stimmen um dich herum
dir weiterhin ihre schlechten Ratschläge
zuschrien.«
Mary Oliver

(Aus dem Gedicht: The Journey)

Nur wenn Sie wissen, wo Sie stehen, können Sie klare Schritte setzen

Probleme haben meist vielfältige Ursachen

In den Vorstellungsrunden meiner Seminare frage ich die Teilnehmer zunächst nach dem Grund ihres Kommens. Die meisten Personen berichten mir von einzelnen Problemen. Der eine erzählt, er könne nach der Arbeit schlecht abschalten. Er fühle sich ständig gehetzt und schlafe schlecht. Ein anderer teilt mit, dass er sich von seinem Vorgesetzten nicht gesehen und wertgeschätzt fühlt. Er empfinde die ihm gesetzten Ziele als immer unrealistischer, könne diese kaum noch erreichen. Ein Dritter leidet in seinem Team unter schlechter Kommunikation oder fühlt sich sogar gemobbt. Der Nächste klagt über zunehmende Auseinandersetzungen mit seinem Lebenspartner. Oder er macht zu wenig Sport und hat in den letzten Jahren mehr und mehr »Hüftgold« dazugewonnen. Während einer der Teilnehmer spricht, nickt die ganze Runde oftmals mit, da sich alle in den Worten des anderen wiederfinden können. Jeder erlebt zwar eine dieser Facetten als derzeit zentrales Problem für sich selbst, kennt aber die anderen Belastungsspitzen auch recht gut.

Bei näherem Nachfragen und differenzierterem Hinspüren kristallisiert sich heraus, dass sich das Lebensgefühl aus unterschiedlichsten Themenfeldern speist. Diese Erfahrungen hängen alle miteinander zusammen und bedingen sich oft gegenseitig. Das Wohlgefühl beziehungsweise das Unwohlsein eines Menschen entstammt also verschiedensten Quellen – die Gründe für seine aktuelle Situation sind meistens multikausal. Wobei zunächst nicht leicht zu unterscheiden ist, welches der Ereignisse eher das Symptom oder die Wurzel des Problems sind. Allein durch diese Einstiegsrunde mit ihren ersten Hinterfragungen wird klar, dass eine Lebenskonstellation immer im Gesamten – unter Berücksichtigung aller Einflussfaktoren zu betrachten ist.

Ein zuverlässiger, tragender Entwicklungsprozess verlangt zu Anfang eine genaue Standortbestimmung. Erst wenn tiefer liegende Ursachen von Belastungen aufgedeckt worden sind, macht es Sinn, an gezielte Entlastungs- beziehungsweise Veränderungsschritte heranzugehen. Die Zeit, die man zu Anfang in eine sorgfältige Analyse steckt, macht sich im Laufe eines Resilienztrainings immer bezahlt. Man doktert nicht an einer geringfügigen beziehungsweise untergeordneten Schwierigkeit herum, sondern kann sich der eigentlichen Knacknuss zuwenden. Je direkter und zielgenauer an einem Problem angesetzt werden kann, umso schneller und auch leichter lässt es sich durchdringen und lösen.

Immer das große Netzwerk des Lebens im Auge behalten

Um diese umfassende Lebensanalyse übersichtlich zu gestalten, habe ich die Human-Balance-Kompasse kreiert, mit deren Hilfe sich Situationen in ihrer Gesamtdynamik abbilden lassen. Wir Menschen sind an sich schon komplexe Wunderwerke und möchten in all unseren Bedürfnissen und Potenzialen von Körper, Herz, Verstand und Seele verstanden sein (s. Kompass S. 13). Neben der Beziehung zu uns selbst sind wir mit vielen anderen Menschen in unterschiedlichen Netzwerken verbunden – ohne sie könnten wir nicht leben beziehungsweise überleben. Grob können wir differenzieren zwischen beruflichen und privaten Kontakten und diese nochmal untergliedern in Familie, Freunde, Bekannte, gesellschaftliche Kontakte, Vorgesetzte, Kollegen, Mitarbeiter, Kunden und andere mehr. Oder wir betrachten, wie im nächsten Kompass abgebildet (s. S. 32), die Bezogenheit und Nähe zu unterschiedlichen Personenkreisen. Das »Ich« spiegelt die Beziehung zu mir selbst. Die »Du-Ebene« umschreibt die nahen, vertrauten Beziehungen zu anderen, wie die Verbindung zu den Eltern, dem Partner, den Kindern und den engen Freunden. Auf der »Wir-Ebene« finden sich in weiterer Abstufung die beruflichen und gesellschaftlichen Kontakte wieder. Der »Seins-Quadrant« assoziiert die allumfassende Verbindung zur Schöpferkraft, zur Natur und zu allen Lebewesen an sich.

Am Anfang unseres Lebens erfahren wir Menschen uns im System unserer Herkunftsfamilie. In dieser Zeit nehmen wir die stärksten Prägungen und Muster auf. Abhängig davon, ob wir als Erstgeborene zur Welt kommen, als Einzelkind aufwachsen oder Teil einer Geschwisterschar sind, übernehmen wir von Lebensbeginn an eine bestimmte Rolle. Diese formt uns – wie auch alle anderen Beziehungsgeflechte, durch die wir uns im Laufe der Jahre bewegen.

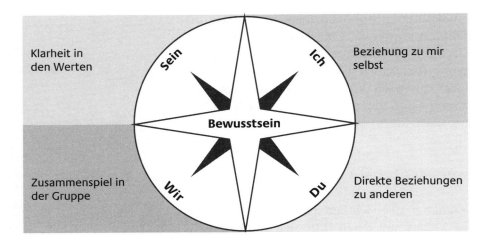

Klarheit in den Werten

Sein

Ich

Beziehung zu mir selbst

Bewusstsein

Zusammenspiel in der Gruppe

Wir

Du

Direkte Beziehungen zu anderen

Neben der Familie fügen wir uns zunehmend in andere soziale Netzwerke ein. Das können der Kindergarten sein, die erste Spielbande auf der Straße, die Klasse in der Grundschule, das weiterführende Schulsystem, der Ausbildungsbetrieb, die Universität, der Arbeitsplatz, soziale Verbände, Sportvereine, politische Gremien, die Kirchengemeinde, der private Freundeskreis. In all diesen Gruppierungen nehmen wir einen bestimmten Platz ein. Wir positionieren uns bewusst oder unbewusst in einer bestimmten Rolle oder Funktion. In dieser Konstellation wirken wir auf andere ein – und andere auf uns. Auffallend dabei ist, dass viele Rollen, die sich in frühesten Kindertagen unbewusst im Familiengefüge ergeben haben, sich so stark in uns manifestieren, dass wir sie durch das ganze Leben mitziehen und immer wieder reproduzieren.

Die Bezogenheit zu mir selbst befindet sich dabei in direktem Zusammenhang mit der Bezogenheit zu anderen. Wer sich selbst nuanciert wahrnehmen und steuern kann, ist auch in der Lage, sein Gegenüber differenziert zu verstehen und dadurch in einen lebendigen, einfühlsamen Dialog zu treten. Dies ist ebenfalls die Voraussetzung für eine gelungene Partizipation an einem Wir, einer Gruppe. Wer sich selbst in seinen Bedürfnissen und Eigenschaften kennt, kann diese auch zum Wohle des Ganzen in eine Gemeinschaft einbringen. Die reife Beziehung zu sich selbst dient als Grundlage für eine reife Partnerschaft und auch für eine engagierte Verantwortung innerhalb eines größeren Verbundes, ob auf familiärer, beruflicher oder gesellschaftlicher Ebene. Diese innere Reife findet Ausdruck in der Verantwortung und Fürsorge für sich selbst, seinen Mitmenschen und der Schöpfung gegenüber.

Die Komposition des eigenen Lebens ruhig betrachten

Jeder von uns hat sich über viele Jahre hinweg eine ureigene Lebenskonstellation kreiert. Wir alle haben Gründe, warum wir uns unsere Beziehungsgefüge auf diese spezielle Art komponieren – selbst wenn wir uns dabei noch so überlastet und gestresst anfühlen. Diesen Umstand müssen wir zunächst begreifen. Welchen Nutzen ziehen wir bisher aus unserem Lebenskonzept? Auch wenn es unlogisch scheinen mag, fühlen sich viele Menschen trotz aller »Qualen« in ihren verstrickten Verhältnissen wohl, da sehr subtile Bedürfnisse befriedigt werden. Dies gilt es, zunächst ohne Bewertung anzuerkennen und für uns selbst zu überprüfen. Welche Anliegen verfolgen wir mit unseren Verhaltensweisen – und lassen sie sich nicht auf anderen Wegen viel besser befriedigen?

Die nun folgende Übung hilft, die gegenwärtige Konstellation seines Lebens wahrzunehmen und auf respektvolle, achtsame Art zu hinterfragen. Es geht dabei um die Quantität und Qualität der übernommenen Rollen: *»Wie viele Rollen habe ich angenommen? Warum habe ich sie angenommen? Und was geben und nehmen mir die einzelnen Verantwortungen, die ich übernommen habe?«*

Übung: Der Rollenkuchen

Einleitung

Diese Übung dient dazu, im Leben übernommene Rollen zu überprüfen. Manche Rollen sind von Geburt an definiert: Tochter oder Sohn, Enkelkind, Schwester, Bruder und so weiter. Andere wählen wir uns im Leben durch Beziehungen (Ehe, Elternschaft, Freundschaften sowie durch Aufgaben und Verpflichtungen im beruflichen oder gesellschaftlichen Umfeld. Jede der Rollen ist mit einem »Anforderungsprofil« verknüpft, das durch unsere eigenen Vorstellungen und Ansprüche entsteht, die Bedürfnisse meines Gegenübers oder durch eine klar umrissene Aufgabenbeschreibung (zum Beispiel Stellenbeschreibung im Beruf). Je wirksamer wir die von uns übernommenen Rollen ausfüllen, umso wohler fühlen wir uns, und umso stabiler gestalten sich Beziehungen. Unerfüllte Aufgaben und Erwartungen münden dagegen oft in Konflikte und Reibungsverluste. Es ist es sehr spannend, sein

Leben aus diesem Blickwinkel zu betrachten. Über- und Unterforderungen werden schnell sichtbar, Konflikte in Beziehungen decken sich auf und offenbaren neben dem Symptom auch meistens schon ihren Ursprung.

Ziel
Sie schaffen sich einen Überblick darüber,
- in welchen Lebensfeldern Sie Rollen übernommen haben,
- wie viel Zeit und Energie jede Rolle in Anspruch nimmt,
- wie kompetent Sie sich selbst in den einzelnen Rollen wahrnehmen,
- was Ihnen eine Rolle gibt und nimmt,
- wie zufrieden Sie mit der bisherigen Rollenverteilung sind beziehungsweise welchen Veränderungswunsch Sie haben.

Material
Flipchart oder DIN-A3-Papier, Stifte.

Übungsablauf
Schritt 1: Tragen Sie alle Aufgaben und Verantwortungsbereiche auf einem Flipchart oder auf einem DIN-A3-Papier zusammen, die Sie in Ihrer privaten und beruflichen Lebenssituation ausfüllen, wie zum Beispiel
- Mutter/Vater
- Schwester/Bruder
- Tochter/Sohn
- Ehefrau/Ehemann oder Partnerin/Partner
- Schwiegertochter/Schwiegersohn
- beruflich: selbstständig, angestellt, Führungskraft, Geschäftsführung
- Teammitglied, Betriebsrat
- im Verein tätig

Schritt 2: Erstellen Sie eine Ist-Analyse: Zeichnen Sie einen großen Kreis auf das Papier als Sinnbild eines Zeitkuchens für vierundzwanzig Stunden oder eine Woche (ein Monat/ein Jahr), und unterteilen Sie das Rund in einzelne »Kuchenstücke«. Jede Unterteilung steht für eine Rolle. Mit der jeweils dargestellten Breite symbolisieren Sie, wie viel Zeit beziehungsweise Energie Sie die jeweilige Aufgabe kostet (gehen Sie dabei intuitiv vor, und drücken Sie Ihre gefühlte Wirklichkeit aus).

Schritt 3: Schreiben Sie zu jeder Rolle in Stichworten Ihre Vorstellung einer positiven Kompetenzerfüllung.
Bewerten Sie Ihre persönliche Aufgabenbewältigung. Zur Einschätzung der Rollenkompetenz können Sie das Ampelsystem wählen:

Grün – erlebe mich auf Sach- und Beziehungsebene in der Thematik als gut aufgestellt, fühle mich wohl mit der gestellten Aufgabe.
Gelb – erlebe mich zum Teil kompetent, zum Teil aber auch steigerungsfähig im Aufgabenfeld, möchte mich gezielt verbessern.
Rot – erlebe mein Verhalten als unzureichend und habe dringenden Entwicklungsbedarf.

Schritt 4: Markieren Sie am Rande durch Plus- und Minussymbole, was Ihnen diese Rolle gibt beziehungsweise nimmt, und notieren Sie alle Gedanken und Gefühle, die Ihnen hierzu durch den Sinn gehen.

Schritt 5: Treten Sie einen Schritt zurück, und lassen Sie das Ganze auf sich wirken. Fühlen Sie sich wohl mit der jetzigen Situation? Oder werden Sie unruhig, wenn Sie Ihre Standortbestimmung betrachten? Erstellen Sie auf einem weiteren Blatt einen Soll-Zustand: Reflektieren Sie über Ihre aktuelle Rollenverteilung, und definieren Sie Ihre Veränderungswünsche. Wichtig dabei ist abzugleichen, ob Ihre persönlichen Rollenerwartungen und das daraus abgeleitete Selbstbild realistisch sind. Durch die gleichzeitige Betrachtung verschiedener Rollen und Aufgabenfelder lassen sich gegenseitige Abhängigkeiten sofort erkennen. Veränderungen in einer Rolle bringen Bewegung in allen anderen Lebensfeldern mit sich. Sie sind wie in einem Mobile eng miteinander verknüpft. Ziehe ich an einer Strippe des Spiels, bewegen sich alle Teile des großen Ganzen mit.

Fassen Sie den Mut, genau hinzuschauen

Der Rollenkuchen ist eine wunderbare Möglichkeit, sich seiner alltäglichen Lebenswirklichkeit zu stellen. In vielen Fällen offenbart der Gesamtblick, dass die Verteilung von Zeit, Kraft und Aufmerksamkeit nicht stimmt und quasi mit Ansage nicht funktionieren kann.

Gerade Burnout-gefährdete Personen weisen in ihrem Verhalten an dieser Stelle große Ähnlichkeiten auf. Zumeist laden sie sich viel zu viele Aufgabenbereiche und Verantwortlichkeiten gleichzeitig auf. Sie muten sich selbst jede Überanstrengung zu, anstatt dass sie andere Personen genauso in die Pflicht nehmen würden. Angetrieben werden sie dabei von ihren eigenen unerbittlichen Ansprüchen, alles richtig und gut zu machen, gepaart mit einem schlechten Gewissen, wenn sie nicht jeden Tag diese hohe Messlatte erreichen.

Diesen strengen, drakonischen Ton sich selbst gegenüber erlebe ich bei Männern und Frauen genauso wie bei jungen oder alten Menschen. Das Phänomen, sich selbst zu überschätzen und die eigenen Kräfte in einem schleichenden Prozess auszuhöhlen, zeigt sich dabei nicht nur auf beruflicher Ebene, sondern durchzieht auch das gesamte Privatleben. Woche für Woche höre ich die unglaublichsten Lebenskompositionen, die mir oft zu Herzen gehen. Hier zwei prägnante Beispiele:

Ein Mann, Mitte 50, arbeitet schon lange für die gleiche Firma und ist vom Typ her extrem loyal und hilfsbereit. Über die Jahre haben sich sein Vorgesetzter und seine Kollegen angewöhnt, alle zusätzlichen oder auch schwierigen Projekte bei ihm abzuladen, da sie sichergehen können, dass er sie ohne großes Murren höchst zuverlässig abarbeitet. Das gleiche Bild spiegelt sich in seinem Privatleben. Seine Eltern und Schwiegereltern sind alle nacheinander Pflegefälle geworden. Wer kümmert sich klaglos um sie? Er natürlich! Obwohl in seiner Familie und auch in der seiner Frau genügend andere Geschwister hilfreich mit anpacken könnten. Sie können sich vorstellen, wie sein Rollenkuchen aussah. Er hätte pro Tag nicht 24 Stunden gebraucht, um seinen Arbeitsplan abzuarbeiten, sondern mindestens 36. Natürlich wusste er schon vor der Übung, dass seine bisherige Lebensführung hinten und vorne nicht passte – das Bild führte ihm aber seinen »täglichen Wahnsinn« überdeutlich vor Augen. Nun konnte er beim besten Willen nicht mehr wegschauen.

Anders gelagert war das Bild einer Frau, Mitte 40, die auf den ersten Blick ihren Alltag recht gut geordnet hatte. Als ich mit ihr zusammen ihr Bild inspizierte, trat aber eine ganz andere Wirklichkeit zutage. Sie schaute auf ihre einzelnen Aufgabenfelder und meinte: »*Ich bin so viel, und bin gleichzeitig gar nichts. Bei all dem, was ich mache, habe ich mir noch nie selbst Wertschätzung schenken können. Egal, wie ich es anfange, ich bin mit mir selbst nicht zufrieden und empfinde selten Freude.*« Ihr war klar, dass ihre Abneigung sich selbst gegenüber eng an das gestörte Verhältnis zu ihrem Vater gekoppelt war. Obwohl sie es verstanden hatte, sich ein schönes, abwechslungsreiches Leben aufzubauen, konnte sie all das, was sie sich erschaffen hatte, nicht genießen. Bei ihr ging es weniger darum, was sie tat, sondern mit welcher inneren Haltung sie die Dinge ausfüllte.

Diese zwei Beispiele sind nur ein kleiner, aber typischer Einblick in die unterschiedlichsten und sich doch ähnelnden Geschichten meiner Klienten und Kursteilnehmer. Jede Biografie ist anders gestrickt, und doch gleichen sich Garn und Farbe.

Das zentrale Thema des Resilienztrainings: Lernen, gut für sich selbst zu sorgen

Das beherrschende Thema, auf das letztendlich jeder stößt, ist die Beziehung zu sich selbst. Ist es ein respektvoller, liebevoller Umgang mit sich selbst, der sich wie eine innige Freundschaft anfühlt? Oder eher ein distanziertes Verhältnis, das von Selbstzweifeln und Verurteilungen geprägt ist? Nur wer sich selbst gern mag, liebhat, wertschätzt, wird für sich selbst gut sorgen können. Die Grundsteine für dieses Verhältnis zu uns selbst werden in allerfrühester Zeit, im Baby- und Kleinkindalter, gelegt und korrespondieren eng mit den Erfahrungen, die wir mit unseren Eltern und weiteren Familienmitgliedern gemacht und die wir eingespeichert haben. Um unsere gegenwärtige Haltung verändern und weiterentwickeln zu können, gilt es, sich von eingeschliffenen Mustern und Prägungen loszulösen. Dies gelingt nur, wenn wir mit einer wohldurchdachten Systematik und einem kontinuierlichen Trainingsprogramm ans Werk gehen.

In vielen Rollenkuchen hat gerade diese so wesentliche Freundschaft zu sich selbst keinen Platz. Für andere zu sorgen und sich »ein Bein auszureißen« und sich selbst dabei zu vergessen, das haben die allermeisten gelernt. Das Ganze ist eine brisante Mischung aus Unreflektiertheit, starker Anhaftung an alten Mustern, Inkonsequenz, Hilflosigkeit, Fahrlässigkeit sich selbst und anderen gegenüber – und auch Selbstmitleid. Sich als das ewige Opfer zu fühlen und sich hilfsbereit von anderen ausnutzen zu lassen – dieses Selbstbild pinselt auch das eigene Ego. Aber natürlich ist es eine Falle, in die sich der Betroffene immer mehr verstrickt und in der er sehr viel Leid erfährt.

Raus kommt nur, wer die Verantwortung für sein Leben selbst in die Hand nimmt – und das ohne Wenn und Aber. Und dazu braucht es klar definierbare Fähigkeiten, wie zum Beispiel:

- Prioritäten setzen und einhalten – sich auf wesentliche Rollen beschränken
- den eigenen Energiehaushalt kennen und sorgsam hegen und pflegen
- das Verhältnis zu den Eltern klären, ordnen, versöhnen
- den inneren Antreiber und Perfektionisten verstehen und gekonnt ausbalancieren
- klare, deutliche Grenze abstecken und wahren

- zwischen veränderbarer und unveränderbarer Welt unterscheiden
- sämtliche Beziehungen im näheren und weiteren Umfeld auf Respekt, Wertschätzung und Augenhöhe überprüfen
- Geben und Nehmen ins Gleichgewicht bringen

All diese Fähigkeiten werden in den nächsten Kapiteln genau aufgeschlüsselt und in kleinen, verdaubaren Trainingsschritten geschult.

Der folgende Kompass dokumentiert die einzelnen Lernschritte im Zusammenhang:

- Werte/Sinn
- Sehnsucht
- Berufung
- Krise/Scheitern
- Erfüllung
- Präsenz, Klarheit und Ehrlichkeit

- Körperwahrnehmung
- Persönlicher Kräftehaushalt
- Gesundheit/Psychosomatik
- Leistungsfähigkeit
- Stressmanagement
- Fitness/Kondition

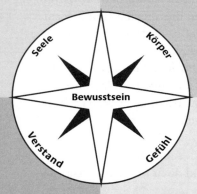

- Mentale Kraft
- Konzentration auf Wesentliches
- Den inneren Antreiber kennen
- Klares Denken, Klares Handeln
- Transparente Kommunikation
- Konsequenz bei Prioritäten
- Realistische Zielsetzungen

- Selbstwertgefühl
- Klärung von Beziehungen im privatem und beruflichem Kontext
- Geben und Nehmen in Balance
- Grenzen setzen/Grenzen wahren/Grenzen öffnen
- Netzwerkpflege

Entscheidung treffen: Weg von der Belastung – hin zur Ressource

Auffallend bei jeder Resilienzstudie ist, dass ein belastendes Umfeld Menschen dahingehend beeinflusst,

- entweder sich klein zu machen und aus diesen tief verankerten Selbstzweifeln heraus ungünstige Lebensstrategien zu entwickeln
- oder dazu treibt, an sich selbst zu glauben und aus diesem Vertrauen in die eigene Kraft aktive Eigenverantwortung für die Lebensgestaltung zu übernehmen.

Resiliente Personen verstehen es, mit sich selbst gut umzugehen. Zuneigung und Fürsorge, die ihnen von außen zunächst versagt sind, schaffen sie, sich auf anderen Wegen zu erschließen. Zum einen durch die Liebe, die sie für sich selbst entwickeln. Zum anderen aber durch einen höchst kreativen Umgang mit den Umständen, die sie umgeben. Ein innerlich stabiler Mensch sucht die Chance, die sich ihm bietet. Er schaut auf Möglichkeiten, die sich ihm eröffnen. Er versteht es, Ressourcen zu erkennen und für sich zu nutzen. Er entscheidet sich dazu, ein belastendes Umfeld nicht zu sehr an sich herankommen zu lassen, sondern sich unterstützende Personen und schöne Momente heranzuholen. Er weiß, aus wenig viel zu machen.

Warum? – Weil er beschließt, trotz widriger Umstände in ein glückliches Leben zu finden. Weil er seiner tiefen inneren Sehnsucht folgt. Weil er sich von dieser Vision nicht abbringen lässt.

Diese Vision braucht es – als Anker und Kristallisationspunkt für unsere Kraft und Energie.

- Wie schaut Ihre Vision aus?
- Wie soll sich Ihr Leben anfühlen?
- Wie stellt sich Ihr ausgewogen portionierter Rollenkuchen dar?

Treffen Sie eine Entscheidung. Keine Ausrede zählt! Durch kleine, beharrliche Schritte können Sie Ihr Ziel erreichen.

SCHRITT 3:
Die sorgfältige Pflege des persönlichen Energiehaushalts

»Jeder von uns ist ein Haus mit vier Zimmern: einem physischen, einem mentalen, einem emotionalen und einem spirituellen. Wenn wir nicht jeden Tag in jedes dieser Zimmer gehen – und sei es nur, um dort für frische Luft zu sorgen –, sind wir keine richtigen Menschen.«
Rumer Godden

(Aus dem Workbook »Die 7 Wege zur Effektivität« von Stephen R. Covey)

Schließen Sie Freundschaft zum Körper – Freundschaft zu sich selbst

Kennen Sie den Pegel Ihrer Energiebatterie?

Mit der nächsten Übung beleuchten wir eines der wesentlichsten Motive des Resilienztrainings. Dabei rücken vier Fragen in den Mittelpunkt der Betrachtung:

- Zu wie viel Prozent ist Ihr Energiefass beziehungsweise Ihre Energiebatterie gefüllt?
- Was schenkt Ihnen Kraft und Lebensfreude?
- Was raubt Ihnen Energie und Stärke?
- Welche Maßnahmen können Sie direkt und zügig einleiten, um Ihren Energiehaushalt aufzufüllen beziehungsweise zu stabilisieren?

Starten wir mit der ersten Frage nach dem Energiepegel. Ihr Organismus fühlt sich keinen Tag gleich an. Es wird manchen Morgen geben, da springen Sie voller Elan aus dem Bett, fühlen sich prächtig ausgeruht sowie voller Lust und Laune. Dann wieder würden Sie den Wecker am liebsten im Garten vergraben und mühen sich mit größter Anstrengung aus den Federn. Natürlich hängt dieses Körpererleben zunächst mit ganz simplen Umständen zusammen: Wie lange und wie gut haben Sie geschlafen? Haben Sie am Abend zuvor dem »Weingeist« zugesprochen? Freuen Sie sich auf den Tag und seine Inhalte? Und schon wird es kniffliger. Wie ich es schon öfters betont habe, besteht unser Organismus aus verschiedenen Dimensionen, und alle Ebenen wirken gleichzeitig auf Ihre Grundkonstitution mit ein.

Bei der Übung »Das Energiefass« (s. S. 47 ff.) interessiert zunächst weniger die Tagesform, sondern das Grundgefühl, das Sie die letzten Wochen, Monate, gegebenenfalls auch schon Jahre begleitet. Fühlen Sie sich stark und leistungsfähig? Oder eher angeschlagen, etwas schwach auf der Brust oder gar ausgelaugt und müde – vielleicht auch schwankend zwischen all diesen Zuständen? Egal, zu wie viel Prozent das Energiefass gefüllt sein mag, existiert dieser Zustand nicht erst seit gestern, sondern wird sich kontinuierlich aufgebaut haben. Der Pegelstand Ihrer inneren Batterie kommt nicht von ungefähr – gleich, ob der Füllstand hoch oder niedrig ist. Zum einen hängt er mit Ihrem Lebensalter zusammen. Hauptsächlich ergibt er sich aber zum anderen durch eine Vielzahl von Denk-, Fühl- und Verhaltensmustern und lässt sich letztendlich so einfach zusammenrechnen wie eine simple Addition oder Subtraktion.

Was schenkt Kraft, was raubt Kraft?

Betrachten wir zunächst die Körperebene, weiß jeder schnell aufzuzählen, was dem Organismus wohltut. Das richtige, angemessene Essen, viel Wasser trinken, regelmäßige Bewegung in frischer Luft, Regenerationspausen und ausreichend Schlaf. No Drugs!

So lautet das einfache Grundprogramm, um unsere »Körpermaschine« möglichst beschwerdefrei durch die Jahrzehnte zu bringen. Das Basisprogramm einer ausgewogenen Lebensführung wird heutzutage in Hunderten von Zeitungen und Büchern regelrecht zelebriert und in den unterschiedlichsten Varianten durchgekaut. Das Wissen darüber grassiert hinreichend und ist frei zugänglich. Aber Theorie allein hilft nicht, wie es die Studien der Krankenkassen beweisen. Eine Vielzahl von Krankheiten, unter denen wir Wohlstandsbürger leiden, lässt sich schlicht und ergreifend auf nachlässige Selbststeuerung zurückführen. Obwohl wir, wie keine Generation vor uns, die besten Voraussetzungen für einen gesunden Lebensstil haben, bringen uns schon kleine, simple Bedienungsanleitungen ins Schleudern. Wer liebt schon seinen Körper und hegt und pflegt ihn wie ein kostbares Gut? Und damit meine ich nicht die äußere Hülle, um die extrem viel Aufwand betrieben wird.

Das eigene Köpergewicht ist leider ein Dauerreizthema geworden, und so fehlt viel zu vielen Menschen ein entspannter Umgang mit dem Essen. Bewegung koppelt sich oftmals an besondere Leistung. Denn es langt nicht, ungezwungen eine Runde laufen zu gehen, nein, der Nachbar trainiert für den New-York-Marathon, da gilt es mitzuhalten. Pausen werden Mangelware durch die ständige Erreichbarkeit via Handy, Computer und die ununterbrochenen Informationsströme. Wann und wo kann unser Organismus zur Ruhe kommen und in seinem eigenen, ihm angemessenen Rhythmus essen, trinken, schlafen, sich anspannen und wieder entspannen?

Dabei ist unser Körper »eigentlich« so einfach zu steuern. Er reagiert sehr schnell auf Zuwendung und ist extrem lern- und anpassungsfähig. Was ihm hilft, sind Rituale, Wiederholungen, eine Ordnung, die Sinn macht und die die Bedürfnisse des Körpers mit denen von Herz und Seele achtsam verbindet.

Gehe ich mit einem Menschen auf Spurensuche nach Energieräubern, werden wir allerdings nicht nur bei seiner Körperführung fündig, sondern besonders in seinem Gefühlshaushalt. Ungeklärte Beziehungen auf privater oder beruflicher Ebene, mangelnde Wertschätzung, Streitereien, Missverständnisse, unterdrückte Emotionen, Sprachlosigkeit, unerwiderte Liebe, das Gefühl, ausgenutzt zu werden, enttäuschte Erwartungen und, und, und … Wer kennt diese nagenden Gefühle nicht, die an den Nerven zehren und weder tags und schon gar nicht nachts zur Ruhe kommen? Ein verletztes Herz produziert zu Anfang starke Gefühle, die zwischen Trauer, Enttäuschung, Wut, Angst und Hoffnung hin- und herpendeln. Finden diese Emotionen kein Gehör, keine angemessene Plattform, um sich auszudrücken, breitet sich im ganzen Organismus schleichende Resignation aus. Leiden Herz und Seele unter unveränderbaren, unlösbar scheinenden Umständen, tauchen die Empfindungen der Sinnlosigkeit und der Ohnmacht auf. Sie sind der sichere Nährboden für eine Erschöpfungserkrankung.

Gesundheit ganzheitlich begreifen

Mein Anliegen ist es, in einfachen Bildern verständlich zu machen, dass sich sowohl die körperliche als auch psychische Gesundheit aus vielen verschiedenen Faktoren zusammensetzt, die alle gleichzeitig beachtet sein wollen. In unsere westliche Medizin hält dieser Gedanke erst langsam Einzug durch die medizinische Fachrichtung der Psychosomatik oder durch alternative Heilmethoden. In der Wirtschaft findet gerade ein spannendes Umdenken statt. Durch den Fachkräftemangel und dank der Alterspyramide, die dafür sorgt, dass Unternehmen in Zukunft verstärkt auf ältere Arbeitnehmer setzen müssen, wird das Thema »Gesundheit und langfristige Leistungsfähigkeit« mit einem weiteren Fokus betrachtet. So erfährt betriebliches Gesundheitsmanagement in den letzten Jahren zunehmend mehr Aufmerksamkeit.

Viele Organisationen, ob Wirtschaftsbetriebe, Schulen oder Krankenhäuser, haben für rein körperliche Bedürfnisse schon viele gute Angebote im täglichen Alltag verankern können: den Wasserspender auf dem Gang, den reich gefüllten Obstkorb in der Cafeteria, ergonomische Bürostühle, Rücken-schulen, Laufkurse, Ernährungsberatung, regelmäßige Gesundheitschecks und vieles andere mehr. Durch den rapiden Anstieg psychosozialer Erkran-kungen wendet sich das öffentliche Interesse nun auch der seelischen Ge-sundheit zu. Langsam wächst das Verständnis, dass psychische Beschwerden aus der bisherigen Stigmatisierung erlöst gehören. Durch Aufklärung und offene Gespräche steigt natürlich die Chance, Krankheitssymptome im Vor-feld zu erkennen, ernst zu nehmen und ihnen präventiv entgegenzusteuern.

Betriebliches Gesundheitsmanagement (BGM) spielt in diesem Zusammen-hang eine wichtige Rolle. Um meine Vorstellung eines ganzheitlichen BGM darzulegen, habe ich folgenden Kompass für eine umfassende Betrachtung entwickelt.

- Klare Werte, die zuverlässig gelebt werden
- Faire Vergütung
- Transparente Informationspolitik
- Arbeitsgleitzeit und Home-Office
- CSR (Corporate Social Responsibility)
- Motivation durch Identifikation

- Vorsorge und Check-up
- Erkrankungen und Notfälle
- Fitness und Ernährung
- Ergonomie, Physiotherapie, Massage
- Drogenberatung
- Reise und Impfung

- Realistische Zielsetzungen
- Klare Rollen- und Aufgaben-verteilung
- Aufmerksame Kommunikation und Information
- Gezielte Life-Balance-Schulung

- Gezieltes Führungskräfte-training für soziale Kompetenz
- Teamschmiede zur Mobbing-prophylaxe
- Direkte Konfliktklärungen
- Fehlerkultur
- Soziale Unterstützung
- Familienberatung

In ihm bilden sich viele Maßnahmen ab, die in Firmen bisher anderen Schulungsbereichen zugeordnet werden, wie zum Beispiel Führung, Kommunikation, Teambildung, Unternehmenskultur und so weiter. Mein Anliegen ist es, diese fragmentierende Perspektive aufzulösen und zu verdeutlichen, mit welcher Dynamik Einzelaspekte aufeinander einwirken. Physische und psychische Gesundheit hängen von so immens vielen Faktoren ab, dass bisherige BGM-Konzepte meist zu kurz greifen und neu interpretiert werden sollten. Der innovative Begriff der Resilienz schafft eine gute Möglichkeit, um bisherige Zuordnungen auf den Prüfstand zu bringen und gemeinsam eine erweiterte Wahrnehmungsschärfe zu entfalten.

In der Mitte des Kompasses liegt immer das Bewusstsein, die Selbstreflexion, die dringend vonnöten ist, um einen schleichenden Krankheitsprozess möglichst frühzeitig zu erkennen und um kraftvoll gegensteuern zu können.

Burnout entwickelt sich in Phasen

Burnout, ein Begriff, der heute in so vieler Munde ist, wird aus medizinischer Sicht nicht als Krankheit mit eindeutigen diagnostischen Kriterien wahrgenommen. Der deutsch-amerikanische Psychoanalytiker Herbert J. Freudenberg, in New York lebend, kreierte vor 35 Jahren dieses Wort. Mit seinem 1974 in den USA publizierten Aufsatz »Staff Burn-out« und im 1980 erschienenen Buch »Burn Out: The High Cost of High Achievement« entfachte er eine erste Diskussion um das Burnout-Syndrom. Er beschrieb es als eine körperliche, emotionale und geistige Erschöpfung aufgrund lang anhaltender beruflicher Überlastung und nahm es zunächst bei helfenden Berufen wahr. Mehr und mehr wurde die Symptomatik aber auch bei anderen Berufsgruppen beobachtet und präzisiert. Neben der Erschöpfung, welche nicht nur physische, sondern auch psychische und mentale Konsequenzen zeigt, werden oft auch Zynismus, Demotivation und reduzierte Leistungsfähigkeit geschildert. Überschneidungen mit den Symptomen von Depression und Neurasthenie sind häufig. Vegetative Begleiterscheinungen sind ebenfalls nicht selten.

Ein Burnout entwickelt sich immer in einem Prozess, den man in verschiedene Phasen aufgliedern kann. Es gibt allerdings nicht den typischen Verlauf des Burnouts.

In meinen Vorträgen und Seminaren möchte ich den Teilnehmern einen ersten, verständlichen Überblick über einen möglichen Prozessverlauf gewähren. Ich beleuchte vier Phasen, die sich in der gefühlten Wirklichkeit eines Klienten oft überschneiden und in der Reihenfolge verschieben können. Typisch ist ein schleichender Verlauf, der vom Betroffenen zunächst verdrängt und mit vermehrtem Engagement kompensiert wird:

Erste Phase: Überaktivität
- übertriebenes Engagement, Hyperaktivität
- Gefühl der Unentbehrlichkeit
- Verleugnung eigener Bedürfnisse
- überhöhtes Bedürfnis nach Anerkennung
- Perfektionismus
- Sich beweisen müssen

Zweite Phase: Reduziertes Engagement
- Verlust positiver Gefühle
- allgemeines Gefühl, abzustumpfen und härter zu werden
- Kontaktverlust
- negative Einstellung zur Arbeit
- Beginn der »inneren Kündigung«
- zunehmende Schuldzuweisung an andere
- entsprechende Reaktionen des Umfelds werden oft als Mobbing erlebt

Dritte Phase: Tatsächlicher Abbau der Leistungsfähigkeit
- Konzentrationsschwächen bei der Arbeit
- Desorganisation: unsystematische Arbeitsplanung
- Entscheidungsunfähigkeit
- Verringerte Initiative
- Rigides Schwarz-Weiß-Denken
- Dienst nach Vorschrift
- Widerstand gegen Veränderungen aller Art

Vierte Phase: Verzweiflung
- Verstärkte Hilflosigkeitsgefühle
- Existentielle Verzweiflung
- Sinnlosigkeit

- »Energiespeicher« füllen sich nicht mehr auf
- Psychische beziehungsweise psychosomatische Symptome
- Klinische Auffälligkeit und Gefährdung

In diesem Vier-Phasen-Modell können sich viele Zuhörer und Seminarteilnehmer wiederfinden. Es verleiht ihnen eine erste Orientierung, an welchem Punkt sie sich selbst oder gegebenenfalls einer ihrer Mitarbeiter, Kollegen, Freunde oder Lebenspartner befinden.

Die meisten Menschen, denen ich begegne, wissen unterschwellig sehr genau, wo sie in ihrem Leben stehen, was gut läuft oder was sie dringend verändern sollten. Was ihnen allerdings fehlt, ist die Konsequenz, genau hinzuschauen und ihren wichtigen Erkenntnissen konkrete Taten folgen zu lassen.

Die folgende Übung hilft, Energiespender und Energieräuber gleichzeitig zu inspizieren und im Hinblick auf ihre Gesamtdynamik abzugleichen.

Übung: Das Energiefass

Einführung

Um im Berufs- und Privatleben kraftvoll und gesund agieren zu können, erscheint es angebracht, den eigenen Energiehaushalt genau zu studieren. Auf Dauer können wir unserem Energiesystem nur so viel entnehmen, wie wir auch zuverlässig wieder nachfüllen können. Das Bild des Energiefasses (Sie können auch das Sinnbild einer Energiebatterie wählen) soll unterstreichen, dass sich in unserem Organismus ein Kraftspeicher befindet, der sich an vielen Tagen unseres Lebens von alleine auflädt. Zu Belastungszeiten benötigt er aber unsere aktive Unterstützung, um sein Level halten beziehungsweise wieder nachfüllen zu können.

Ziel

Sie gewinnen Verständnis darüber, wie es um Ihren aktuellen Energiehaushalt bestellt ist, und definieren Maßnahmen, um ihn bewusst anzuheben. Sie spüren dabei differenziert in die einzelnen Dimensionen von Körper, Gefühl, Verstand und Seele hinein.

Material

Flipchart oder DIN-A3-Papier, Schreibbrett, Stifte, Klebebänder oder Seile.

Übungsablauf

Schritt 1: Malen Sie intuitiv auf das Flipchart ein Energiefass (Energiebatterie) als Sinnbild Ihres persönlichen Energiehaushalts. Dieser kann nach Tagesform stark schwanken, deswegen sollten Sie einen Mittelwert der letzten Monate aufzeichnen. Das Fass kann rund und prall sein oder auch klein und schmal – diese Abbildung sollte ein authentischer Spiegel Ihrer »gefühlten Wirklichkeit« sein.

Schritt 2: Als Erstes stellen Sie sich die Frage: Zu wie viel Prozent ist mein Fass gefüllt?
Definieren Sie, ohne groß nachzudenken, eine Prozentzahl, zum Beispiel: »Im Moment geht es mir sehr gut, mein Energiefass fühlt sich zu 90 Prozent gefüllt an.« Oder aber: »Ich bewege mich schon seit längerer Zeit am Rande meiner Kräfte. Die Füllung meines Energiefasses schwankt zwischen 20 und 40 Prozent.«

Schritt 3: Legen Sie sich mithilfe der Seile beziehungsweise Klebebänder am Boden acht Felder aus, und bezeichnen Sie sie folgendermaßen: Körper plus, Körper minus, Gefühl plus, Gefühl minus, Verstand plus, Verstand minus, Seele plus, Seele minus.

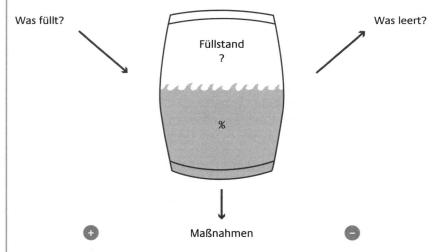

Schritt 4: Nun bearbeiten Sie die folgenden Fragen: Durch welche Aktivitäten, Situationen, Begebenheiten … füllt sich mein Fass?
- Auf körperlicher Ebene – dabei stellen Sie sich auf das Feld »Körper plus«, und spüren in Ihre Empfindungen und Gedanken hinein. Sie können sich diese Wahr-

nehmungen selbst auf einem Schreibbrett notieren – oder ein Freund/ eine Freundin moderiert Sie durch die Übung hindurch und notiert für Sie die Erkenntnisse.

- Auf emotionaler Ebene – Sie stellen sich auf das Feld »Gefühl plus« und gehen wie vorher vor.
- Auf mentaler Ebene – gleicher Ablauf wie vorher.
- Auf seelischer Ebene – gleicher Ablauf wie vorher.

Auf gleiche Weise erforschen Sie auch den Gegenpol: Durch welche Aktivitäten, Situationen, Begebenheiten … leert sich mein Fass? Dabei stellen Sie sich jeweils auf die vier Minusfelder. Die Reihenfolge der Felder können Sie frei wählen.

Schritt 5: Fassen Sie Ihre bisherigen Erkenntnisse zusammen und widmen Sie sich auch noch der dritten Frage: Mit welchen Maßnahmen kann ich meinen Energiehaushalt langfristig und dauerhaft stärken?
Definieren Sie kleine, realistische Schritte, um Ihre Energietankstellen zu vermehren und den Energieräubern nach und nach die Kraft zu entziehen. Dabei sollte detailliert herausgefiltert werden, welchen direkten Einfluss Sie selbst auf Ihren persönlichen Energiehaushalt nehmen können. Wichtig dabei ist, Zusammenhänge aufzudecken und dementsprechend passende, praxistaugliche Maßnahmen zu definieren.

Ja, aber – es ist so schwierig!

Wann immer ich diese Übung mit mir selbst und Klienten durchführe, begeistert es mich stets aufs Neue, wie klar und eindeutig Körper, Verstand, Herz und Seele ihre Nachrichten abgeben, sobald wir ihnen nur aufmerksam zuhören. Wir Menschen haben zum einen große Ähnlichkeiten – und doch ist jeder von uns so andersartig komponiert in seinen Wünschen, Freuden und Herzensanliegen. So tauchen bei der Frage nach den Ressourcen zunächst die Klassiker auf: Essen, Trinken, Schlafen, Bewegung, aber in der genaueren Betrachtung wird es vielfältig. Der Eine entspannt sich beim Joggen, ein Anderer bei seiner Gartenarbeit, ein Dritter im klassischen Konzert, beim Lesen, beim Motorradfahren, am Stammtisch, beim Schweinsbraten, an der Salatplatte, in Aktion, in der Stille … Eines ist sicher: Es gibt kein Patentrezept, das für jeden Menschen funktionieren könnte. Und doch gibt es eine Grundfähigkeit, die die Balance des Energiehaushalts sichert: mit sich selbst in Kontakt zu sein und zu spüren, ob das, was Sie gerade ausführen, tatsächlich Ihren wahren Bedürfnissen entspricht oder ob es eine Art Übersprungshandlung ist, mit der Sie versuchen, ein tiefer liegendes Anliegen zu erfüllen.

Auch bei den Energieräubern gibt es gleiche Phänomene zu beobachten. Jeder Mensch verliert Kraft, wenn er sich nicht gesehen fühlt, für sich und seine Leistung keine Wertschätzung erfährt, sich nicht ordentlich abgrenzen kann, durch ständige Erreichbarkeit aus Tätigkeiten herausgerissen wird und so weiter. Doch auch hier lohnt sich der Blick mit der Lupe. Denn jeder von uns hat ganz spezielle Druckpunkte, die ihn dauerhaft unter Strom setzen und in weiterer Folge zum Ausbrennen bringen. Auffallend ist, dass viele Personen, die zunächst von beruflichen Belastungsfeldern sprechen, bei genauerer Betrachtung sehr schnell im privaten Kontext landen. Ob es die Beziehung zu den Eltern oder zu den Schwiegereltern ist, die schon lange im Argen liegt, oder die Partnerschaft im Laufe der Jahre leer und hohl gelaufen ist – hier liegen am ehesten die Nerven blank und sind die meisten Energien gebunden. Eltern, Partner, Kinder und enge Freunde sind unsere stärksten Kraftquellen – und im Gegenzug auch leider unsere intensivsten Energievernichter. All diese Beziehungen haben eine lange Vorgeschichte und prägen über Jahre und Jahrzehnte unser Lebensgefühl. An dieser Stelle aufzuräumen und Klärung sowie Entlastung vorzunehmen, ist aus meiner Sicht ein unabdingbarer Schritt, um in eine zuverlässig balancierte Lebensgestaltung zu finden.

Spätestens hier quietschen meine Kursteilnehmer auf. Die Vorstellung, ihre Essgewohnheiten umzustellen und schrittweise mehr Sport zu betreiben, mag für manche schon herausfordernd klingen. Klare Absprachen mit dem Kollegen über Arbeitspakete und Termintreue zu führen, scheint ungewohnt, aber auch noch realistisch zu sein. Aber das Thema »Klarheit und Versöhnung in den engsten Beziehungen« treibt den allermeisten den Schweiß auf die Stirn. Hier geht es nun ans Eingemachte – und das »Ja, aber…« fängt an.

Ruhe finden durch Versöhnung

Mir blieb ein Mann Ende 40 in Erinnerung, der auf den ersten Anschein ruppig und kantig daherkam und mit rauem Charme versehen schien. Er besuchte das Resilienz-training, da er in seiner Arbeit immer mehr Projekte auf den Tisch bekam und ihm dabei langsam die Puste ausging. Wegen seines barschen Auftretens konnte ich mir erst gar nicht vorstellen, dass er sich nicht ordentlich abzugrenzen vermochte. Aber hinter dieser ungehobelten Fassade verbarg sich ein sehr sensibler Mensch. Im Laufe der Energiefass-Übung brach Stück für Stück sein ganzes Elend aus ihm hervor. Schon seit längeren Jahren kümmerte er sich intensiv um seinen pflegebedürftigen Vater, von dem er dafür keinen Dank erfuhr. Das war nichts Neues für ihn, da sein Vater sein Leben lang keine Gefühle zeigen konnte. Der Sohn hatte schon immer mit ihm um Anerkennung und Wertschätzung gerungen, indem er sich den Wünschen seines Vaters unterordnete. Doch das Verhältnis blieb kühl. Im Job bekam er dagegen viel Beachtung. Dafür erbrachte er auch hervorstechende Leistungen und konnte sich auf der Karriereleiter ordentlich hochrackern. Seit einigen Jahren funktionierte sein Belohnungssystem aber nicht mehr. Eine Beförderung, die ihn zuverlässig in seinem Selbstwert steigen ließ, war nicht mehr in Sicht. Im Moment sah er nur noch Arbeits-berge vor sich und keine Möglichkeit, an die erhofften Streicheleinheiten heranzu-kommen. Er wusste zwar genau, wie er auf Körper und Verstandesebene sein Fass füllen konnte, aber über eine emotionale und seelische Nährung, die von Leistung unabhängig war, hatte er sich noch nie Gedanken gemacht.

Es wurde ihm klar, dass er in einer unseligen Verkettung von Umständen feststeckte. Ähnlich wie sein Vater fiel es ihm immens schwer, offen über seine Gefühle zu reden. Sein inneres Erleben hatte kaum Übereinstimmung mit seinem Pokerface. So wirkte er auf seine Arbeitskollegen, Mitarbeiter und Auszubildenden ähnlich abweisend wie sein Vater, unter dem er selbst so gelitten hatte. Auch sein Umfeld fühlte sich von ihm nicht gesehen und geachtet – so wurde er in der Arbeit für seine Kompetenz geschätzt, aber echte Warmherzigkeit und Offenheit flossen ihm nicht zu. Im Grun-de seines Herzens war er sehr, sehr einsam. Seine zunehmende Arbeitsbelastung war zwar nicht angenehm, hatte letztendlich jedoch nur zu einem geringen Teil mit seiner inneren Resignation zu tun. Das eigentliche Thema spielte auf einer ganz anderen Ebene. Er hatte Angst davor, seine schon so alten Wunden anzuschauen und meinte, dass es eh nichts mehr bringen würde. Tausend Argumente fielen ihm ein, warum er an dieser Stelle seinen Energiehaushalt nur noch durch Verdrängung entlasten könnte. – Der nächste Trainingsschritt kam gerade richtig.

SCHRITT 4:
Den Lebensrucksack entlasten

»Einschlafen dürfen, wenn man müde ist, und eine
Last fallen lassen dürfen, die man lange getragen
hat, das ist eine köstliche, wunderbare Sache.«
Hermann Hesse

Trennen Sie sich von alten Gewichten und reisen Sie mit leichtem Gepäck

Die ewige Verkettung von Sprachlosigkeit

Im Laufe der Jahre durfte ich den Biografien von Hunderten von Menschen lauschen. Ein Teil der Personen hatte das Glück, in einem wärmenden, unterstützenden Elternhaus aufzuwachsen, welches ihnen Stabilität und Rückhalt schenkte. Dieser günstige Start ins Leben ist zwar keine Garantie dafür, das nachfolgende Leben immer souverän zu meistern. Doch schenkt eine glückliche, unbeschwerte Kindheit eine ganze Portion Grundvertrauen. Insofern dient sie als ganz besondere Kraftquelle, gibt ein kostbares Stück Selbstbewusstsein mit auf den Weg, das sich in vielerlei Situationen vorteilhaft auswirken kann.

Andere hatten zu Anfang weniger Glück und mussten sich von klein auf unter schwierigen Verhältnissen behaupten. Bemerkenswerterweise können gerade Kinder und Jugendliche, die wenig Rückendeckung und Schutz erfahren haben, mit einem ungeheuren »Biss« versehen sein, sich an den eigenen Haaren aus dem Sumpf zu ziehen. Für sie geht es um viel, viel mehr, als nur einen Schulabschluss zu schaffen, einen Job zu ergattern und einen gewissen Wohlstand zu erreichen. Sie wollen sich selbst und anderen beweisen, was in ihnen steckt. Sie möchten ihrem Alltag eine bestimmte Ausrichtung verleihen und können mit großer Beharrlichkeit und Disziplin an der Umsetzung ihrer Ziele dranbleiben. Aus eigener Kraft schaffen sie es, sich ein gutes Leben aufzubauen. Sie schließen ihre Ausbildungen ab, auch dann, wenn es ihnen nur durch harte Mühen über den zweiten Bildungsweg gelingt. Sie schlagen einen stabilen Berufsweg ein, finden liebende Partner, gründen Familien.

Trotz dieser stimmig wirkenden Lebensverläufe verbergen sich unter dieser Oberfläche in vielen Fällen immer wiederkehrende Unruhe, Selbstzweifel, Schmerz oder Fragen nach dem Sinn des Lebens. Die Ursache dieses inneren Aufruhrs lässt sich nur unzureichend aus den gegenwärtigen Umständen ableiten – meistens liegt die Wurzel dieser Gefühle in längst vergangener Zeit vergraben.

Viele, viele Menschen in unserer Gesellschaft haben, obwohl man es ihnen nicht ansieht, in frühesten Jahren physische oder psychische Gewalt erfahren. Ich hätte mir niemals träumen lassen, in wie vielen Familien Kinder mit regelmäßigen Übergriffen beziehungsweise Entbehrungen auf körperlicher und seelischer Ebene leben müssen. Doch leider ist es bittere Realität, dass eine Unzahl von Babys, Kleinkindern, Kindern und Jugendlichen sich unter herben Bedingungen den Weg ins Leben bahnen müssen. Trotz alledem: Auch ihre Eltern haben versucht, ihr Bestes zu geben. Aber ihre eigenen, übermächtigen Kindheitsprägungen verhindern, dass in ihren Familien Liebe, Wärme, Vertrautheit und Unterstützung Fuß fassen können.

> Der Fehlzeitenreport der AOK berichtet 2011, dass Mitarbeiter, die von ihren Vorgesetzten wenig Wertschätzung erfahren, viel schneller erkranken und besonders zu psychosozialen Belastungsstörungen neigen. Es ist bekannt, dass sich gerade deutsche Führungskräfte mit wertschätzenden Worten und einer freundlichen, achtsamen Unterstützung ihrer Teams ungemein schwertun.

Motive für solch eine unzureichende Kommunikation existieren sicher viele. Zum Teil wird es daran liegen, dass bisher nur in Ausnahmefällen in der Schule oder in weiterführenden Ausbildungsstätten emotionale Intelligenz und einfühlsame Kommunikation systematisch gefördert und geschult werden. Die größte Prägung für unser Kommunikationsverhalten vollzieht sich allerdings in den Familien, und auch dort mangelte es in der Vergangenheit gewaltig an einem offenen, vertrauten Austausch unter Erwachsenen und Kindern.

Woher sollte er auch kommen? Noch vor 70 Jahren, also ein bis zwei Generationen vor uns, erlitten die Menschen in Deutschland unvorstellbare Repressalien, die sie zur totalen Unterwerfung, zum Gehorchen und Funktionieren zwangen. Ob sie unterdrückt wurden – oder andere quälten –, in beiden Fällen durchlief ihr Körper-Herz-Seele-System eine Kette von Gewalttätigkeiten, die tiefe Spuren hinterließen.

> Unzählige Klienten berichteten mir schon von ihren Eltern und Großeltern, die nach ihren Erlebnissen im Krieg, auf der Flucht, in der Gefangenschaft oder im Nachkriegsdeutschland innerlich verstummt waren. Ihr Innerstes hatte sich verschlossen, um ihre eigene Schuld oder die maßlose Pein, die sie erfahren mussten, in irgendeiner Form zu überleben.

Traumatisierte Menschen haben ihre Gefühle und Erinnerungen abgespalten, um sie nicht mehr ertragen zu müssen. Sie haben meterhohe Schutzwälle um sich selbst gezogen, damit nichts und niemand an ihre schrecklichen psychischen Wunden heranreichen kann. Doch diese Wälle halten nicht nur potenzielle Angreifer von ihnen fern, sondern auch die Liebe und Wärme, die ihnen andere Menschen, speziell Kinder, entgegenbringen.

Wie gut, dass wir Erdenbürger Resilienz in uns tragen und es schaffen, aus den allerkleinsten Momenten der Berührung noch Nahrung für Herz und Seele herauszusaugen. Denn viele Söhne und Töchter verstanden es, sich an Kleinigkeiten zu erfreuen und ihr Selbstbild daran aufzurichten. Manch verstummter oder gar um sich schlagender Vater ging mit seinem Sohn am Sonntag zum Angeln – sie brauchten nicht miteinander reden, aber durch ihr gemeinsames Schweigen übertrug sich eine gewisse Form der Herzlichkeit. Aus minimalen Brocken der Zuwendung können Kinder und Jugendliche ihr Selbstbewusstsein zusammenfügen und ein eigenes, funktionierendes Leben aufbauen. Dieses emotionale Notprogramm genügt aber nicht, um ein tragfähiges, empathisches, kommunikationsfreudiges, entspannt-glückliches Wesen zu entfalten – weder sich selbst noch anderen gegenüber.

Aus wenig viel machen

Neben meiner Erschütterung über die Vielfältigkeit familiärer Verstrickungen gewann ich ein ungemein positives Bild von der Heilkraft und Belastungsfähigkeit, die uns Menschen innewohnt. Ich möchte Ihnen ein Beispiel hierfür schildern, das in den äußeren Gegebenheiten extrem und einmalig wirkt. Die dahinterliegenden Muster ereignen sich aber oft, in dieser oder ähnlicher Form.

> Ein Bub wächst auf einem Bauernhof auf und wird von seinem Vater wie ein Knecht behandelt. Er muss von klein auf mitarbeiten und erfährt auch von der Mutter kaum Zuwendung. Bei gefährlichen Arbeiten halten sich die Eltern zurück, sie lassen ihren Sohn die hohen Risiken eingehen. Mit großem Glück übersteht der Junge seine Jugendzeit ohne größere körperliche Verletzungen. Innerlich ist er aber tief verwundet durch die Lieblosigkeit, die er so lange ertragen musste. Er fühlt sich bitter ausgenutzt. Trotz seiner tiefen Einsamkeit findet er eine warmherzige Freundin, der

er sich öffnen kann. Sie bekommen zwei Kinder, die sie aufmerksam aufziehen. Er versucht, seinen Kindern eine völlig andere Erlebniswelt zu schenken, als diejenige, die er durchleiden musste. In vielen Fällen schafft er es auch, von seinen Kindern Druck und Belastung fernzuhalten – Spannungen trägt er eher mit sich selbst aus, als dass er sie anderen zumutet. Beruflich gelingt ihm die erfolgreiche Selbstständigkeit. Was für eine unglaubliche Leistung! Fast hätte er auch seine schrecklichen Kindheitserlebnisse vergessen können. Doch als Mittvierziger quälen ihn immer wieder Albträume, und tief verdrängte Ängste melden sich zu Wort.

Dieses Phänomen der zunehmenden psychischen Sensibilität, gerade in der Lebensmitte, ist vielfach zu beobachten. Mir scheint, als hätte unser Organismus neben seinem physischen Immunsystem auch ein psychisches, das hilft, die Defizite der Kindheit erst einmal zu verdrängen. Dadurch schöpfen wir den Mut, kraftvoll und zukunftsorientiert ein eigenes Leben zu führen. Diese robuste Schale wird aber mit zunehmendem Alter poröser und brüchiger. Immer intensiver meldet sich unsere innere Stimme, unsere Sehnsucht nach einem erfüllten, harmonischen Leben mit uns selbst und unseren Liebsten zu Wort.

Wie auch immer Sie, liebe Leserin, lieber Leser, diesen individuellen, ureigenen Kompass in sich selbst wahrnehmen und bezeichnen: Ihre Wesensmitte, Ihr Wesenskern, Ihr authentisches Selbst oder Ihre persönliche Note…, unser ursprüngliches Potenzial, unsere einzigartige Art, die beziehungsweise der zu sein, der wir sind, möchte sich nicht das ganze Leben anpassen und verbiegen müssen. Irgendwann im Leben reicht es mit dem Anpassen, dem Funktionieren und dem Runterschlucken der eigenen Bedürfnisse und Ansichten. Mehr und mehr schiebt sich diese klare, unbestechliche Seelenkraft ins Bewusstsein und lässt sich nicht mehr unterdrücken.

So auch bei dem Mann, der trotz all seiner Erfolge und Lebensfreuden immer noch die Beziehung zu seinen Eltern im Lebensrucksack mitschleppte. Bei der ersten, noch groben Beschreibung seiner Lebensgeschichte riet ich ihm zu einer kontinuierlichen Einzelarbeit, da seine Thematik in einer Gruppenarbeit nicht umfassend und differenziert genug zu bearbeiten wäre. Er ließ sich auf diese Heldenreise in sein Innerstes ein. Es war der Zeitpunkt gekommen, wo er sich seinen Schmerzen und Enttäuschungen zuwenden konnte. Mit sorgfältiger Unterstützung traute er es sich zu, all diese Erschütterungen seiner Kinderseele »zu sich zu nehmen«, anstatt ihnen auszuweichen. Durch langsame, achtsame Prozesse näherte er sich seinen belasten den Erinnerungen. Gemeinsam holten wir sie nacheinander hervor, um sie nun aus der Erwachsenenperspektive zu betrachten, anzufassen, auseinanderzulegen, mit Abstand zu erforschen, dann wieder mit Körper, Herz und Seele zu durchfühlen, neu zu bewerten, anders zusammenzusetzen.

Innere Arbeit verlangt Mut, hohe Konzentration, und sie kann wehtun. Aber sie ist lange nicht so zeitintensiv, kompliziert und schmerzhaft, wie manche vermuten. »*Ich bin doch nicht krank. Schon gar nicht im Kopf! Ich muss nicht auf die Couch!*« Diese Sätze kursieren in unserer Gesellschaft leider immer noch, sobald ein Mensch voller Schrecken bemerkt, dass er mit herkömmlichen Mitteln seine körperlichen oder psychischen Symptome nicht mehr in den Griff bekommt. Tatsächlich schämen sich viele Klienten, wenn sie sich Unterstützung von einem Coach oder Therapeuten holen. Das ist ziemlich verrückt – denn gerade diese Personen zeigen außerordentliche Courage und ersparen sich unnötiges Leid, weil sie sich eingestehen, dass sie Hilfe zur Selbsthilfe brauchen.

Ich betrachte bewusstmachende Prozesse mittlerweile eher nüchtern. Sie sind die einzig zuverlässige Hilfestellung, um uns aus zwanghaften Wiederholungen destruktiver und einschränkender Denk-, Fühl- und Verhaltensweisen zu entlassen. Erfahrungen, die in der Kinderzeit abgespeichert wurden, können durch verschiedene, recht simple Methoden ins Bewusstsein gerufen werden, um sie mit der Kompetenz und dem Überblick des Erwachsenen-Ichs neu zu füllen. Als Kinder sind wir noch klein und ausgeliefert, und viele Erfahrungen überrollen uns förmlich. Wir können uns nicht wehren, begreifen Zusammenhänge nur unzureichend und basteln uns selbst Interpretationen, die mit keinem Erwachsenen abgeglichen werden. Dieses Gewirr aus realen Empfindungen und dazu gegebenen Gedanken sowie Erklärungsversuchen wandert auf unsere »Festplatte«, die ab dann unseren Blick auf die Welt steuert und bestimmt. Vereinfacht gesprochen, setzen wir uns in der Kinderzeit eine Brille auf, durch die wir dann unser ganzes Leben lang uns selbst und unsere Umwelt betrachten und deuten. Wenn in der Brille die Erfahrung hinterlegt wird: »*Ich werde nicht gesehen. Ich bin nicht geliebt. Ich bin nicht willkommen, so wie ich bin.*«, dann besteht die Gefahr, dass der Brillenträger jede Situation, die nur ein wenig in diese Richtung tendiert, sofort aufgreift und mit seinem altbekannten Grundlebensgefühl verknüpft. In diesem Fall bestätigt und manifestiert er sein altes Muster – seine Schutz- beziehungsweise Gefängnismauern werden dabei immer dicker und undurchlässiger. Appellsätze wie »*Jetzt sei doch nicht so empfindlich! Nimm dir nicht alles so zu Herzen! Reagiere doch nicht gleich so verletzt (und im Gegenzug verletzend)!*« haben keinerlei Wirkung, da sie nur ein wenig an der Oberfläche des tief verankerten Wahrnehmungsautomatismus kratzen.

Frieden finden

Es braucht achtsam angelegte Prozesse, die neben dem Verstand auch Körper, Herz und Seele berühren und alle Sinne ansprechen. Nach und nach öffnen sich neben dem mentalen Alltagsbewusstsein auch tiefere Schichten unseres Seins, in denen intensive, unsere Persönlichkeit formende Gefühle abgespeichert liegen. Wer auf dieser Ebene arbeitet und seine bisherigen Ängste, Blockaden und Verletzungen liebevoll anschaut, akzeptiert und Schritt für Schritt in einem heilenden, versöhnenden Prozess transformieren kann – der arbeitet an den Grundeinstellungen seiner Festplatte und nimmt eine wichtige Umprogrammierung vor.

So erging es auch meinem Klienten. Schritt für Schritt näherte er sich den längst vergangenen Schreckensbildern, die er in sich trug und welche letztendlich all seine Beziehungen beeinflussten – vor allem die Verbindung zu sich selbst. Durch die positiven Erfahrungen, die er im Laufe seines Erwachsenenlebens gemacht hatte, konnte er nun eine neue Perspektive zu den alten Schmerzen gewinnen. Er verspürte aber Zorn und Unverständnis seinen Eltern gegenüber und vor allem eine Art melancholischen Liebeskummer darüber, dass ihre Beziehung so enttäuschend verlaufen war. Wir beschäftigten uns eingehend mit der Biografie seiner Eltern und auch der seiner Großeltern, um die unselige Verkettung von Denk- und Verhaltensmustern begreiflich zu machen. Mehr und mehr entzerrte sich das Bild, gänzlich neue Gesichtspunkte kamen hinzu. Und dann tauchte die Neugierde in ihm auf, sein Leben von diesen alten Geschichten nicht mehr dominieren zu lassen.

Er wollte einen weiteren Bogen der Betrachtung schlagen, in dem all seine Lebenserfahrungen mit den unterschiedlichsten Farbschattierungen Platz hatten und sich gegenseitig ausbalancieren konnten. Nach und nach weitete sich sein Blick auf die Ereignisse. Mit der zunehmend ruhigeren Betrachtung zog ein erster Frieden in seine Gefühlswelt ein. Eine ihm bis dahin unbekannte Kraft sammelte sich in seinem Selbsterleben – seine Wandlung vom Hamster im Rad der alten Muster und Prägungen, hin zum Fels, der in der Gegenwart lebt, vollzog sich eher still und leise, regelrecht unspektakulär. Das sind die zuverlässigsten Entwicklungsprozesse.

Schicksalhafte Verkettungen aus einer existenziellen Perspektive anvisieren

Zusammengefasst: Oftmals verbergen sich hinter der Klage über berufliche Überlastung noch ganz andere innere Strapazen. Das persönliche Hamsterrad subsumiert sich aus aktuellen und vergangenen Belastungen. Wer seinem inneren Karussell, gleich wie es gestaltet sein mag und durch welche Gedanken sowie Gefühle es immer wieder neu in Schwung gehalten wird, tatsächlich entfliehen möchte, sollte ein wenig tiefer schürfen, als nur die Schuld bei einem schlechten Vorgesetzten und bei der überbordenden E-Mail-Flut zu suchen. Die gegenwärtige Verdichtung der Arbeits- und Informationsflut ist ohne Frage eine große Herausforderung. Allerdings bestimmt letztendlich die Selbstverbundenheit und Klarheit eines jeden Einzelnen über seinen Umgang mit äußeren Einflussfaktoren. Diese tief verankerte Grundhaltung zu sich selbst gilt es, genau zu hinterfragen.

Die folgende Übung richtet den Fokus der Selbsterforschung auf all die Prägungen, die unsere »Brille« ausmachen. Sie untersuchen dabei, welche Faktoren in Ihrem Umfeld Ihre angeborene Resilienz unterstützen und zur Entfaltung gebracht haben. Genauso inspizieren Sie die Einflüsse, die eine natürliche Reifung Ihres Selbstvertrauens und Ihrer Widerstandskraft eher verhindert haben. Selbstbewusstsein, das sich oftmals mit einem natürlichen Urvertrauen zum Leben koppelt, erwächst am einfachsten, wenn Eltern selbst davon durchdrungen sind und es natürlich ausstrahlen. Im Grunde kann ein Mensch nur das authentisch weitergeben, was kraftvoll »in seinen Zellen pulst«.

Wenn man sich vor Augen hält, unter welchen Umständen unsere vorangehenden Generationen aufgewachsen sind, wird klar, dass es schwerfällt, zwischen Henne und Ei zu unterscheiden: Kinder, die mit eingeschränkter Förderung aufgewachsen sind, reifen zu Frauen und Männern heran, die versuchen, ihren Liebsten ein gutes Leben zu erschaffen, dabei aber ihren eigenen schmerzhaften Prägungen nicht entfliehen können.

Visieren wir aus der Zeugenposition die Lebensverhältnisse der Eltern und Großeltern an, wird klar, dass vielen keine einfache Vorgeschichte beschieden war. Mir scheint, dass es unserer Generation als erster kollektiv gelingt, aus der unbewussten Weitergabe einschränkender Muster schrittweise auszusteigen. Gerade in der Beziehung zwischen Eltern und Kindern hat sich in den letzten Jahrzehnten so vieles zum Positiven verändert! Eine ganze Ewigkeit lief Erziehung nach autoritären Prinzipien. Nach einem kurzen, heftigen Gegenschwung in die antiautoritäre Erziehung wird nun in vielerlei Form in Familien, Kindergärten und Schulen nach einem angemessenen, balancierten Miteinander geforscht.

Mithilfe der Biografielinie werden vergangene Erfahrungen, die Sie jetzt noch beeinflussen, ins Bewusstsein gerufen. Dabei geht es niemals um eine Anklage den Eltern oder anderen Personen gegenüber. Alle Geschehnisse sollten in einem viel weiteren, existenziellen Licht begutachtet werden. Wir Menschen können schicksalhafte Umstände nicht erklären. Wir können uns nur der höheren Weisheit des Lebens anvertrauen. In dieser Dimension steckt die größte Kraft der Heilung und Versöhnung verborgen – diese gilt es zu erwecken.

Übung: Die Biografielinie

Einführung

Im Laufe unseres gesamten Lebens sammeln wir Erfahrungen, die das Bild von unserem Selbst ausmachen. Erlebnisse, die wir in frühen Kindertagen machen, prägen besonders, da sie ungefiltert in unser Zellsystem wandern. Auch ein heranwachsendes Kind hat es nicht leicht, Aussagen und Handlungen von Erwachsenen angemessen zu interpretieren. Es ist klein und betrachtet Dinge aus der Kinderperspektive, die es ihm nicht ermöglicht, zu relativieren oder umfassend zu hinterfragen. Mancher Erwachsene trägt bis ins hohe Alter Aussagen beispielsweise der Mutter, des Vaters, der Großeltern, eines Lehrers, eines Pfarrers, eines Sporttrainers in sich. Diese Sätze wirken unterstützend und aufbauend oder einschränkend und destruktiv. Wobei es nicht ausschlaggebend ist, was der Mensch erlebt, sondern welche Schlüsse er daraus gezogen hat und in welcher Form die Verarbeitung stattfand.

Von daher arbeiten Sie nur indirekt mit der Vergangenheit. Sie legen zwar eine Zeitschiene, mithilfe derer Sie rückwärts wandern. Bei dieser Arbeit tauchen aber hauptsächlich die Ereignisse auf, die hier und heute noch eine Macht über Sie haben. Das heißt, Sie arbeiten mit gegenwärtig aktiven Mustern.

Ziel

Sie betrachten Ihre gesamte Lebenslinie. Sie begeben sich auf Spurensuche nach Erlebnissen, Prägungen, Glaubenssätzen und übernommenen Handlungsmustern, die Sie in Ihrer inneren Kraft und in Ihrem Selbstvertrauen unterstützt beziehungsweise eingeschränkt haben.

Material

Langes Seil, Moderationskarten, Schreibbrett und Stifte.

Übungsablauf

Tragen Sie Erlebnisse zusammen, die Sie in Ihrer Entwicklung fördernd, aber auch solche, die Sie einschränkend geprägt haben. Es können Erfahrungen mit Mutter und Vater sein, mit Großeltern, Geschwistern, Lehrern, Mitschülern, Freunden, in der Dorfgemeinschaft, in der Kirche, im Sportverein, aber auch später noch in der Ausbildungszeit, im Beruf, in der Ehe, in der Elternschaft.

Schritt 1: Als Erstes sammeln Sie alle Ihre Erinnerungen bunt gemischt auf einem Schreibbrett. Lassen Sie sich dazu ein wenig Zeit, meistens tauchen tief vergrabene Erinnerungen auf.

Schritt 2: Übertragen Sie die wichtigsten Erinnerungen (es können 10 bis 15 Stück sein) auf Moderationskarten, und beschreiben Sie sie
- mit einigen prägnanten Wörtern,
- und einem Symbol.

Schritt 3: Nehmen Sie das lange Seil und legen Sie nun Ihr gesamtes Leben aus (Start vor der Geburt), mit allen Höhen und Tiefen, die Ihre persönliche Lebensgeschichte ausmachen. Mithilfe des Seils können Sie bildhaft die Ausschläge nach oben und unten widerspiegeln.

Schritt 4: Dann platzieren Sie die Moderationskarten nach der zeitlichen Abfolge der Ereignisse in die Lebenslinie hinein.

Schritt 5: Sobald das Schaubild liegt, treten Sie einen Schritt zurück und betrachten Ihre Lebenslinie als Ganzes.

Schritt 6: Gehen Sie nun Schritt für Schritt die Lebenslinie durch, und fragen Sie sich:
- Was habe ich erlebt?
- Wie habe ich diese Erfahrungen verarbeitet?

Sie können die Linie als Ganzes durchwandern und die Erlebnisse insgesamt wirken lassen. Oder aber Sie bleiben bei einem Ihnen wesentlich erscheinenden Ereignis stehen und vertiefen die Wahrnehmung.

Schritt 7: Lassen Sie zum Abschluss der Übung die Vielzahl der Erlebnisse ganz bewusst auf sich einwirken. Machen Sie sich deutlich, was Sie im Leben schon alles gemeistert haben. Verankern Sie Ihre Wahrnehmung in Ihren Fähigkeiten und Talenten. Stärken Sie ganz gezielt Ihr Selbstvertrauen und den Stolz auf sich selbst.

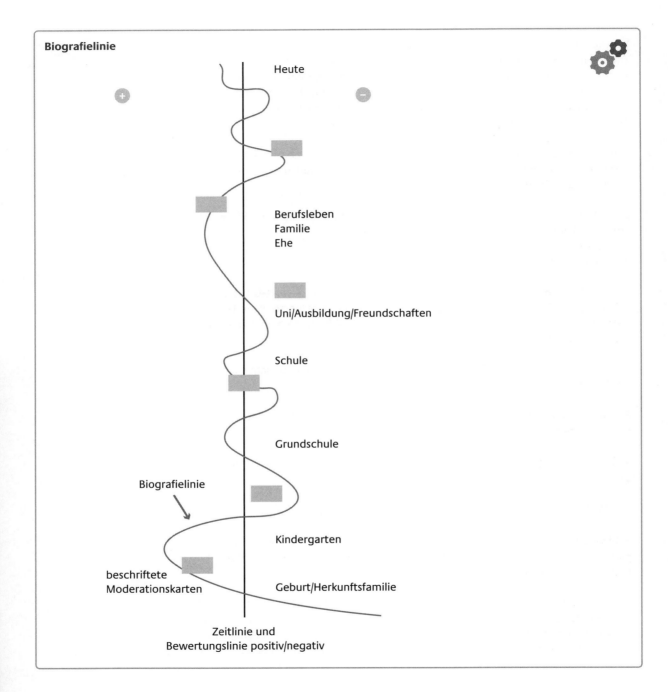

Biografielinie

Heute

Berufsleben
Familie
Ehe

Uni/Ausbildung/Freundschaften

Schule

Grundschule

Biografielinie

Kindergarten

beschriftete
Moderationskarten

Geburt/Herkunftsfamilie

Zeitlinie und
Bewertungslinie positiv/negativ

Schritt 4: Den Lebensrucksack entlasten

Wir verdauen wie eine Kuh mit vier Mägen

Nach meinem heutigen Erfahrungsstand mit burnoutgefährdeten Personen erscheinen mir bis zu 70 Prozent der auslösenden Faktoren als »hausgemacht«, das heißt, vom Klienten selbst gesteuert. Die innere Haltung, die eine Person zu sich selbst einnimmt, ist letztendlich ausschlaggebend dafür, in welcher Form sie mit all den belastenden und bedrängenden Faktoren in ihrem Umfeld umgehen kann. Für sich selbst gut zu sorgen, setzt voraus, dass man sich ernst nimmt und die eigenen Bedürfnisse wertschätzt. Man muss lernen, dem eigenen inneren Antreiber und auch den äußeren Antreibern klare Grenzen zu setzen (s. die nächsten beiden Kapitel »Schritt 5: Den inneren Antreiber ausbalancieren« und »Schritt 6: Grenzen setzen – Grenzen wahren – Grenzen öffnen«). Es bedeutet auch, dass man sich selbst ein gutes, erfülltes Leben gönnt und sich auch unterbewusst Glück und Erfolg zutraut. Manche Menschen stehen sich selbst ständig im Weg, da sie sich unbewusst bestrafen möchten (klingt absurd, steckt aber oft hinter unerklärlichen Symptomen). Die Erkrankung kann als Versteck benutzt werden, um sich vor unangenehmen Auseinandersetzungen und Konflikten zu drücken.

Natürlich fällt es Erwachsenen, denen es als Kind eingebläut wurde, zu funktionieren und alles möglichst perfekt abzuliefern, immens schwer, »Nein« zu sagen und sich ordentlich abzugrenzen. Die Angst vor Liebesverlust sitzt tief und steuert auf subtilste Art eine Vielzahl der täglichen Verhaltensweisen. Dennoch ist das alte Muster keine Entschuldigung, um ständigen Raubbau an den eigenen Kräften zu betreiben und – tiefer betrachtet – an der eigenen Lebenswirklichkeit vorbeizugaloppieren. Das Bewusstmachen der alten eingeschliffenen Verhaltensweisen ist der erste wichtige Schritt, um der ewigen Mühle zu entkommen.

Sich mit sich selbst beschäftigen, sich Zeit nehmen für offene Selbstreflexion und klare, unterstützende, wertschätzende Gesprächspartner finden, die zuhören und gegebenenfalls gutes, ehrliches Feedback geben können – all das hilft, sich aus alten Verstrickungen zu lösen und schrittweise in die ureigene, selbstbestimmte Lebensgestaltung zu finden. Wir Menschen brauchen sehr viel Zeit, um einschneidende Ereignisse tatsächlich zu verarbeiten. Unser Verstand kann zwar schnell erste Zuordnungen treffen und sich dann einbilden, ein Thema »abgehakt« zu haben. Körper, Herz und Seele verarbeiten aber in einem völlig anderen Zeitrhythmus. Wie eine Kuh mit vier Mägen kauen sie immer und immer wieder auf dem Erlebten herum. Durch konstruktive, ehrliche Reflexion entsteht durch Wiederkäuen Humus, aus dem irgendwann die neue Lebensfreiheit erwächst.

Also nur Mut, Geduld und viel Selbsthumor beim Wiederkäuen! Entwerfen Sie ein Ziel, eine Vision, wohin Sie sich entwickeln möchten, und bleiben Sie mit kleinen, sorgfältig gesetzten Schritten dran!

SCHRITT 5:
Den inneren Antreiber ausbalancieren

»Kreativität ist ein wichtiges Merkmal
eines ausgeglichen Menschen.
Wer nur noch erledigt, abarbeitet, reagiert,
braucht definitiv eine Pause.«
Ernst Pöppel

(Aus: Stille ist wie Urlaub fürs Gehirn. Zeit Reisen 2010)

Zähmen Sie Ihren inneren Richter – er treibt Sie ohne Sinn und Verstand

Verantwortung für die Zeitgestaltung übernehmen

Wer Ruhe und Gelassenheit in seiner Tagesgestaltung etablieren möchte, sollte seine inneren und äußeren Antreiber gut studieren, um sie im Zaum halten zu können. Ganz außer Frage haben sich die Bedingungen unserer Arbeitswelt verändert: Immer mehr Arbeit muss von weniger Menschen in kürzerer Zeit verrichtet werden. Berge von Informationen sollen in Blitzgeschwindigkeit aufgenommen, bewertet und verarbeitet werden. Immer komplexere Probleme müssen schnell durchdrungen und gelöst werden. Entscheidungen sollen zügig getroffen werden. Innovationen überholen sich in ihrem Verfallswert.

Es wird noch interessant für uns Erdenbürger werden, wohin das alles führt. Bisher waren Wachstum und Beschleunigung die Garanten für mehr Wohlstand und Erfolg. Dieses Wirtschafts- und Finanzmodell scheint sich längst überholt zu haben und führt sich regelrecht selbst ad absurdum. Unser Fortschritt lässt uns weniger voran- als von uns selbst fortschreiten – bei dem Tempo, das wir draufhaben, müssen wir höllisch aufpassen, dass es uns nicht gemeinschaftlich aus der Kurve hebt.

Besonders Personen, die mit dem Charakterzug des ausgeprägten Perfektionisten ausgestattet sind, werden heutzutage immens gefordert, ihre eigenen Leistungsgrenzen wahrzunehmen und anzuerkennen. Wenn sie es nicht tun, wird es kein anderer für sie leisten – ganz im Gegenteil. Die Gretchenfrage, die mir in all meinen Vorträgen gestellt wird, lautet: »*Wie erkennt eine Führungskraft, dass ein Mitarbeiter überlastet ist, und wie kann er ihn vor dem Ausbrennen schützen?*« Diese Frage ist ungemein knifflig. Denn zunächst muss der Führende selbst ein Verständnis von der sorgfältigen Pflege seines eigenen Energiehaushalts gewinnen – nur dann kann er bei einem anderen Symptome einer Überforderung identifizieren. Dieser Gesichtspunkt ist aber nur ein Teil der Geschichte.

Zumeist rutschen Mitarbeiter in einen Burnout, die sehr engagiert und eigenverantwortlich für die Bedürfnisse ihres Vorgesetzten, des Teams und der Firma agieren. Menschen, die sich einsetzen, die sich nicht drücken, sondern zupacken, die Projekte übernehmen, die Konflikte angehen, die Netzwerke pflegen, die einspringen, wenn es brennt. Es sind die Mitarbeiter, die die Löcher stopfen, die sich in einer Organisation immer wieder ergeben. Diese Personen sind für eine Führungskraft schlichtweg angenehme Teammitglieder, da man sie nicht »zum Jagen tragen muss«, sondern sie ganz von alleine ihre Aufgabenpakete abarbeiten. Und genau diese Personen müssen vor sich selbst geschützt werden, das heißt, ein Vorgesetzter darf ihr starkes Verantwortungsgefühl nicht ausnutzen, sondern sollte sie bremsen. Zudem gebührt diesen Personen Anerkennung und Wertschätzung für all ihren Einsatz – allein dieser positive Zuspruch würde ihr Stressempfinden sofort absenken.

Was es heute dringend braucht, ist von Beginn einer Zusammenarbeit an eine achtsame, begleitende Führung, in der sich die Beteiligten offen und frei über Ziele und Ressourcen austauschen können. Diese Art der Führung findet leider viel zu selten statt. Ein Mitarbeiter kann meistens nicht darauf vertrauen, dass ihm sein Chef angemessene Ziele vorgibt. Der Vorgesetzte steckt selbst oft bis zum Kragen in der Überlastung und hat wenig Überblick und kaum Kraft frei, um fair handeln zu können. So ist jeder selbst aufgefordert, die eigene Führung zu übernehmen und manches Mal den Vorgesetzten durch konstruktive Vorschläge mit auf »den rechten Weg« zu geleiten.

Wie reden Sie mit sich selbst?

Beobachten Sie einmal nur für einen Tag lang Ihr Selbstgespräch. Notieren Sie sich Bemerkungen, mit denen Sie Ihr eigenes Tun und Wirken kommentieren. Sprechen Sie freundschaftlich und unterstützend mit sich selbst, wie: »*Super, das hast du toll gemacht! Das ging schon viel besser als beim letzten Mal. Was mir zur richtig guten Ausführung noch fehlt, das lerne ich auch noch dazu!*«? Oder schubsen Sie sich eher durch den Tag und machen Sie sich regelmäßig Dampf: »*Das war noch nicht gut genug. Du kannst besser sein. Schau doch mal die anderen an! Du lernst das nie!*«? Die Stimme dieses inneren Richters kommt nicht von ungefähr, sondern hat sich im Laufe der Jahre stetig in Ihnen ausgebildet und perfektioniert.

Während der Übung »Die Biografielinie« (s. S. 60 ff.) werden Sie sicher schon auf Erfahrungen gestoßen sein, die mit dem Thema »Bewertung von sich selbst und anderen« korrelieren. Wenn wir zur Welt kommen, sind wir ganz und gar auf unsere Eltern beziehungsweise erwachsene Bezugspersonen angewiesen. Mit all unseren Sinnen lesen wir unser Umfeld und spüren mit den allerfeinsten Antennen, was von uns erwartet wird. »Zugehörigkeit zum Rudel« ist der erste Reflex, dem wir als kleine Wesen folgen, denn der Schutz der Familie sichert zunächst unser Überleben und unsere Entwicklungsfähigkeit.

Biologisch gesehen sind wir Säugetiere und durch unsere Grundbedürfnisse extrem abhängig davon, innerhalb eines sozialen Systems unseren Platz zu finden. Unser Fortbestehen, das von Nahrung, Schutz und Anerkennung dependiert, sichert sich durch ein gelungenes Zusammenspiel mit anderen. In unseren Zellen tickt also die Strategie der Anpassung und Einordnung in eine Gruppenhierarchie. Denn unser Gehirn kann sich nur entfalten und wachsen, wenn wir Zuwendung und Ansprache von den Eltern erfahren.

Um unsere Bewegungsfähigkeit, unsere Kommunikation, unser Denken, unsere Sprache, unsere Beziehungsfähigkeit, unsere Kraft zur Abgrenzung konstituieren zu können, benötigen wir die Ansprache und das Vorbild eines Älteren. Um diese Anpassung zu gewährleisten, befindet sich in unserem psychischen System eine Instanz, die ständig beobachtet, ob wir den Regeln und Gepflogenheiten unseres Umfelds entsprechen und uns in unseren Äußerungen und Verhaltensweisen keine zu großen Abweichungen leisten. Dies könnte ja mit Ausgrenzung, sprich einer lebensbedrohlichen Situation verbunden sein. So adaptieren das Baby, das Kind und der Jugendliche zunächst ungeprüft Angewohnheiten und Überzeugungen der Familie, der Dorfgemeinschaft, der Lehrer und vieler anderer mehr. Sie verinnerlichen diese Leitplanken des Zusammenlebens urtief in sich.

Von seiner Grundfunktion ist diese Instanz in uns, die Sigmund Freud als Über-Ich titulierte, als Schutzfunktion gedacht. Sie soll uns helfen, uns innerhalb einer Gruppe zurechtzufinden. An sich ist die Instanz des inneren Richters nicht böse. Dieser Antreiber bringt uns manches Mal auf Trab und hilft uns, Bequemlichkeiten und auch Ängste zu überwinden. Allerdings verlangt er einen kräftigen Gegenspieler, damit er nicht in Maßlosigkeit verfällt und uns ständig unter Druck hält. Ein unkontrollierter Richter torpediert ungehindert unser natürliches Selbstwertgefühl und unsere Gesundheit. Es ist wichtig für uns zu begreifen, dass dieser innere Beobachter es gut meint, aber in vielen Fällen weit über das Ziel hinausschießt. Sein Drang zur perfekten Anpassung klemmt uns über Jahrzehnte in einem Zangengriff ein, ohne dass wir seinen Anweisungen entkommen könnten. Unser individueller Wesenskern dagegen drängt nach Individuation, nach ureigener Entfaltung, nach persönlichem Ausdruck. Zwischen diesen zwei konkurrierenden Grundprinzipien, dem körperlichen Reflex und der Sehnsucht von Geist und Seele müssen wir ein Gleichgewicht suchen. Das ist nicht immer einfach.

Glaubenssätze identifizieren und kontinuierlich aushebeln

Bei den meisten meiner Klienten kann sich der innere Richter aufführen wie ein ungebremstes unerzogenes Kind. Diese Stimme des bewertenden, antreibenden Wächters dominiert ihr Denken und färbt machtvoll die Wahrnehmung ihres Selbst. Das ist weder sinnvoll noch nötig. Es braucht im ersten Schritt Klarheit über Wechselwirkungen und im Weiteren ein beharrliches Training des Achtsamkeitsmuskels.

Für viele ist es immens hilfreich, wenn sie die Gedanken und Winkelzüge ihres inneren Richters kennen. Sie drücken sich häufig in Appellsätzen aus: »*Du musst, du sollst, du darfst nicht ...*« Bei genauerer Untersuchung haben diese Sätze meistens ihren Ursprung in Aussagen der Eltern, die entweder an das Kind direkt gerichtet waren oder vom Kind kopiert wurden.

Auch diffuse Stimmungen innerhalb der Familie veranlassten das Kind zu Interpretationen: »*Wenn ich mich so oder so verhalte, haben mich meine Eltern lieb ...*« Neben dem Familiengefüge nehmen das Kind, der Jugendliche und auch Erwachsene vielfältige Prägungen in unterschiedlichen Kontexten auf. Meistens konzentriert sich das innere Gespräch aber auf einige Kernaussagen, mit denen man sich selbst in Schach hält. Diese Kernaussagen nennen sich auch »Glaubenssätze«, da der Mensch diese Aussagen als bare Münze nimmt. Er »glaubt« an sie und zementiert mit ihnen sein Wirklichkeitskonstrukt.

Wir leben jetzt zwar in der globalisierten Wissens- und Informationsgesellschaft, aber unser Mindset ist dieser Realität noch nicht gewachsen. Viel zu oft agieren wir aus tiefen Prägungen heraus, die beim Aufbau der Industriegesellschaft sinnvoll waren. Glaubenssätze wie »Genug ist nicht genug«, »Erst die Arbeit, dann das Vergnügen« oder »Nicht geschimpft ist genug gelobt« kollidieren mit offenen Märkten, uneingeschränkter Informationsflut, hohem Stresspegel.

Um sich selbst aus dem Schraubstock dieses anspruchsvollen, ewig unzufriedenen Perfektionisten herauszuwinden, ist es sinnvoll, die eigenen, sich wiederholenden Grundaussagen zu kennen und nach und nach auszuhebeln. Mit den folgenden zwei Übungen können Sie sich mit dieser wichtigen Thematik vertraut machen. Die Identifizierung und der Ausgleich des inneren Richters werden Sie bei Ihrer Entfaltung der inneren Ruhe, Kraft und Gelassenheit beständig begleiten.

Übung: Identifizierung und Zuordnung von Glaubenssätzen

Einführung

Oft sind es nicht nur die Belastungen von außen, die uns unter Druck setzen. Wir selbst sind uns immer wieder der ärgste Antreiber und Kritiker. Jeder Mensch hat im Laufe seines Lebens Glaubenssätze und Überzeugungen übernommen, mit denen er sich unterstützen, aber auch bremsen kann. Die nächste Aufgabe möchte die Herkunft solcher Glaubenssätze transparent machen. Sie widmen sich dabei intensiv Ihrer Mutter, Ihrem Vater und anderen für Sie prägenden Personen. Sie nähern sich diesen Menschen nicht nur in gedanklicher Form, sondern auch in Schrift- und Bildersprache. Das Medium »Malen« aktiviert neuronal andere Hirnregionen und bereichert das Forschungslabor mit neuen, frischen Impulsen.

Ziel

Bewusstmachung von eingeprägten Gefühls-, Denk- und Handlungsmustern. Zuordnung der Prägungen zu den verursachenden Personen zum Beispiel Mutter, Vater, Großeltern oder andere. Unterscheidung von unterstützenden und einschränkenden Prägungen.

Material

DIN-A3-Papier, Bunt- und Wachsmalstifte, Schreibbrett, Stifte.

Übungsablauf

Schritt 1: Horchen Sie in sich hinein und nehmen Sie wahr, mit welchen kritischen Aussagen Sie sich selbst bewerten.
Klassische Appellsätze, die immer wieder auftauchen, lauten:

- Meine Erfolge sind nicht gut genug! Ich muss besser werden, perfekter!
- Erst die Arbeit, dann das Vergnügen!
- Ich muss gut sein, um Anerkennung zu erfahren!
- Nicht geschimpft ist genug gelobt!

- Ich darf nicht auffallen!
- Ich will niemandem zur Last fallen!

All die Sätze und Stimmungen, die in Ihnen auftauchen, schreiben Sie nieder.

Schritt 2: Genauso wie Sie eine kritische, oftmals abwertende Stimme in sich tragen, eskortiert Sie auch ein unterstützender Ratgeber. Diese Stimme kann sich wie ein Berg im Rücken anfühlen, der Schutz und Kraft suggeriert. Horchen Sie auch hier offen in sich hinein. Mit welchen Sätzen vermitteln Sie sich selbst Mut und Vertrauen? Die Sätze können lauten:
- Ich schenke mir selbst Respekt und Achtung.
- Ich weiß um meine Qualitäten und meine Kompetenz.
- Ich erlaube es mir, ein glückliches Leben zu führen.
- Ich achte meine Bedürfnisse und sorge für mich selbst.
- Ich folge meiner Berufung und entfalte meine Potenziale.

Schritt 3: Legen Sie Bilder von den prägenden Personen Ihres Lebens an (zum Beispiel Mutter, Vater, Großeltern, Lehrer …). Das Thema des jeweiligen Bildes ist Folgendes: Wie habe ich diese Person erlebt? Was habe ich an kraftvollen, unterstützenden und auch hinderlichen, einschränkenden Überzeugungen von dem Menschen mitgenommen? Dazu skizzieren Sie die Person (zum Beispiel in einer typischen Köperhaltung, Mimik oder Bewegung oder symbolhaft als Tier, als Pflanze) und vermerken die jeweiligen Eigenschaften beziehungsweise Werte, Überzeugungen, Glaubenssätze, die den Menschen ausmachen, am Rand des Bildes. Die einzelnen Bilder erstellen Sie hintereinander, die Reihenfolge können Sie frei auswählen.

Schritt 4: Mit den gleichen Inhalten legen Sie nun ein Bild von sich selbst an. Wie erleben Sie sich in Ihrem Ausdruck und Ihrer Kraft? Welche Glaubenssätze und vielleicht unbewussten Überzeugungen transferieren Sie an andere? Durch welche Brille betrachten Sie die Welt, positiv wie negativ?

Schritt 5: Platzieren Sie alle Bilder auf dem Boden und wählen Sie eine für Sie passende Zuordnung. Lassen Sie Ihre Darstellungen auf sich wirken und schauen Sie »hinter« die Abbildungen. In einem intuitiv entstandenen Bild verstecken sich durch die Symbolik, die Farbauswahl und Komposition viele kleine Botschaften, die dem Maler zu Anfang nicht bewusst sind. Durch die Bildbetrachtung können sich neue Aspekte ergeben, die durch ein reines Gespräch nicht sichtbar geworden wären.

Schritt 6: Sobald Ihnen klar wird, welche unbewusst übernommenen Muster Sie bisher gesteuert haben, sind Sie in der Lage zu entscheiden: Welche der Prägungen möchte ich in mein weiteres Leben überführen? Und welche möchte ich an die jeweilige Person dankend »zurückgeben«? Eruieren Sie ein kraftvolles Ritual, in dem Sie belastende Glaubenssätze und Überzeugungen ablegen können. Manchen Personen hilft es, wenn sie ihrer Mutter oder Vater einen Brief schreiben, um aus der Erwachsenenperspektive bestimmte Situationen noch einmal zu reflektieren und »geradezurücken«. Glaubenssätze können auch auf ein Blatt Papier übertragen und dem Feuer, dem Wasser oder der Erde übergeben werden.

Nun gilt es, diese Erkenntnisse und erste Loslösungen direkt im Alltagsgeschehen zu verankern. Um alte, tief eingeschliffene Muster tatsächlich loszuwerden, braucht es Verständnis für neurobiologische Zusammenhänge und dann einen klar strukturierten Trainingsplan, der hilft, neuronal eingeschliffene Gedankenautobahnen diszipliniert zu umfahren. Nur auf diesem Weg können neue Verhaltensformen im Fühlen, Denken, Reden und Handeln systematisch konstituiert werden.

Die Unterbrechung der Reiz-Reaktions-Kette

Prägungen sitzen tief. Ihre Wurzeln reichen weit ins Unbewusste hinein, und so haben sie ungeheure Macht über uns. Mein Ziel ist also, dem Klienten einen Trainingsplan an die Hand zu geben, mit dem er sein unbewusstes Denken, Fühlen und Handeln diszipliniert beobachten und transparent gestalten kann. Dazu muss er Handlungsabläufe in einzelne Teilschritte zerlegen.

Spielen wir ein klassisches Beispiel durch: Wir begegnen einem Menschen und möchten uns mit ihm austauschen. Schon im ersten Moment der Begegnung rollt in uns eine Reaktionskette an. Allein der erste Eindruck löst im Organismus eine Grundstimmung aus. Es ist eine Mischung von Körperempfinden und Gefühl. Diese Stimmung signalisiert mir in Blitzgeschwindigkeit, ob mir diese Person gefällt oder ob sie mich irritiert.

Woher stammt diese spontane Grundstimmung? – Gehen wir ihrer Herkunft nach, entdecken wir Informationen und Übertragungen aus früheren Erfahrungen. Die Assoziationen aus der Vergangenheit sind so stark, dass sie unsere Wahrnehmung der Gegenwart mit einem Filter versehen. *»Unser*

Gehirn ist so verkabelt, dass wir nur sehen, was wir für möglich halten. Wir gleichen bereits in uns durch Konditionierung bestehende Muster ab.« So beschreibt es Candace Pert, Doktorin der Pharmakologie, in dem Film »What the Bleep Do We Know?« (DVD 2006). Durch diesen Mechanismus fällt es uns extrem schwer, das gegenwärtige Erleben von früheren Erfahrungen zu trennen. Begegnet uns ein Mensch, der nur im Entfernten an eine Person erinnert, die sich uns eingebrannt hat, verknüpfen wir blitzschnell die alten und neuen Erfahrungen. Bis zu 90 Prozent unserer Wahrnehmung soll mit der Vergangenheit zu tun haben und nur zehn Prozent mit dem jeweiligen Moment. Das klingt krass, unterstreicht aber, dass es von unserer Seite höchsten Einsatz abverlangt, um die alten Brillen loszuwerden!

Und doch können wir in der Praxis diesen automatisierten Mechanismus gut beobachten: Wir hören einen Satz. In seltenen Fällen nehmen wir die rein sachliche Information auf, die gesagt wurde. Meistens versehen wir die Sachebene sofort mit einer Interpretation, die der Aussage eine bestimmte Färbung verleiht. Können wir diese Färbung nicht ausbalancieren, mündet sie zwangsläufig in eine Reaktion. Besonders empfänglich sind wir für diese Kettenreaktion, sobald das Thema »Wertschätzung« mit im Spiel ist. Fühlen wir uns nicht gesehen und geachtet, öffnet sich blitzartig eine alte Wunde. Oft wurde dieser Nerv der Missachtung schon gereizt. Es gibt Menschen, die sich permanent gekränkt und respektlos behandelt fühlen und immerzu ihre alten Verletzungen auf gegenwärtige Situationen übertragen. Vielleicht würden sie sich selbst gar nicht so empfindlich einschätzen, und doch passiert es, dass sie überreagieren.

Jede Person hat eine Strategie konzipiert, um mit vermeintlicher Kränkung umzugehen. Der eine schreitet sofort in Angriff über, der andere zieht sich eher zurück, um dann subtiler zurückzuschlagen. Ein Dritter unterdrückt seine Gefühle und frisst sie in sich hinein.

In Bruchteilen von Sekunden trifft der Organismus die Entscheidung, wie er handeln wird. Als Erstes bietet das System schon oft wiederholte Verhaltensmuster an, da sie im Gehirn schnell vernetzt werden. Selbst wenn wir oft erlebt haben, dass dieses Verhalten uns nichts Gutes bringt, folgen wir aus Gewohnheit dem angebotenen Muster.

Halten wir einen Moment inne, haben wir die Chance, das Verhaltensmuster zu erkennen. Wir entdecken eine zwanghafte Empfindungskette, die wir immer wieder ablaufen lassen. Sie beginnt bei der Interpretation einer Wahrnehmung und endet mit dem Vollzug einer Handlung. Innehalten schenkt uns die Möglichkeit, tief eingefahrene Verhaltensweisen und Prägungen zu durchdringen und transparent werden zu lassen. Selbstvertrauen schenkt uns die Gelassenheit und Souveränität, um mit komplexen Situationen maßvoll umzugehen.

Begünstigende Umstände für Musterbrechung schaffen

Innehalten ist ein extrem starkes Handwerkszeug. Es erlaubt uns die Möglichkeit, aus jeder noch so verworrenen und festgefahrenen Situation auszusteigen und sie Schritt für Schritt zu verändern. Allerdings verlangt diese schlichte kleine Pause eine hohe Selbstdisziplin. Zum einen im Moment ihrer direkten Anwendung – mitten im Alltag. Zum anderen aber auch in einer vorbereitenden, wohlüberlegten Tagesplanung und einer balancierten Selbststeuerung, die es überhaupt gestatten, dem täglichen Hamsterrad eine persönliche Note zu verpassen.

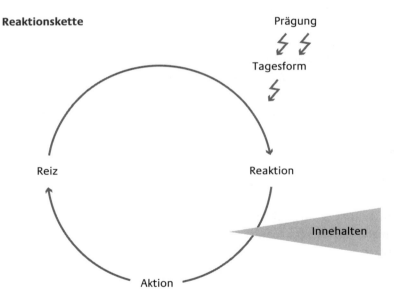

Ein Mensch, der morgens aus dem Haus stürzt und den ganzen Tag seinen Terminen hinterherrennt, hat viel zu viele Stresshormone im Blut, als dass er nur ansatzweise irgendeine Form der Achtsamkeit ausüben könnte. Adrenalin verengt die geistige Aufnahmefähigkeit und programmiert den Organismus auf Autopilot. In ähnlicher Form wirken Schlaf- und Bewegungsmangel, Hunger und Durst. Wobei die Unterversorgung des Gehirns mit Nährstoffen und Flüssigkeit schon zu einem Zeitpunkt startet, zu dem uns noch gar nicht der Magen knurrt oder die Kehle austrocknet.

So gilt es, kontinuierlich gut für sich zu sorgen! Wer fundiert an seiner persönlichen Entwicklung arbeiten möchte, muss lernen, sich selbst aufmerksam mit all dem zu versorgen, was sein Organismus täglich braucht. Die sorgfältige Pflege des persönlichen Energiehaushaltes (s. S. 47) ist die Grundvoraussetzung, um an eingefahrenen Mustern arbeiten zu können. Nur wer auf seine Tagesform achtet, kann die persönliche Selbsterforschung vertiefen und aus zwanghaften Abläufen aussteigen.

Muster aufzulösen bedeutet Suchtentwöhnung

Die Macht dieser stabilen, kontinuierlichen Selbstregulierung ist wahrlich nicht zu unterschätzen. Denn unsere Gedanken, Emotionen und Körperhaltungen sind nicht nur in unseren Gehirnwindungen abgelegt. Durch ein komplexes biochemisches Zusammenwirken sind sie auch tief in unseren übrigen Körperzellen verankert. Wer den spannenden Film »What The Bleep Do We (K)now!?« gesehen hat, wird sich an dieser Stelle sicher an einige eindringliche Bilder und Aussagen erinnern. Gedanken verknüpfen sich automatisch mit Gefühlen, und diese lösen verzweigte biochemische Reaktionsketten im Körper aus, die unser ganzes System in eine bestimmte Stimmung versetzen.

Wer kennt das von sich selbst nicht auch? Blitzt die Idee *»Ich wurde ungerecht behandelt«* durch den Kopf, gipfelt dieser Gedanke in einer ganz bestimmten Stimmungslage, die sich in Körper, Herz und Seele niederschlägt. Manche Menschen erleben diese Stimmung als sogenanntes »Wohlweh«. Eigentlich stimmt sie der Zustand traurig, wütend oder ohnmächtig, und sie möchten sich von diesen unangenehmen Affekten befreien. Auf der anderen Seite ist ihnen dieser Empfindungscocktail so gut vertraut, dass sie ohne ihn gar nicht leben wollen. Er gehört zu ihrer Komfortzone, in der sie sich sicher fühlen, da sie bekannt ist. Die süße Melancholie des Leidens hat zu unbeschreiblich schönen Gedichten, Bildern und Musikstücken geführt. Sie ist also ein großer Motor für Kreativität und sehnsuchtsvolle Schönheit – und kann regelrecht abhängig machen.

Das ist verrückt, oder? Wir schaffen zu unseren Mustern eine Art Suchtverhalten. Wir fühlen uns gleichzeitig abgestoßen und angezogen.

»Die meisten Leute sehen nicht, dass die Sucht nach Emotionen nicht nur eine psychologische, sondern eine biochemische Sache ist. Heroin wendet den gleichen Rezeptormechanismus auf Zellen an wie unsere Emotions-Chemikalien. Man kann also leicht sehen: wenn man heroinsüchtig sein kann, kann man auch nach jedem Neuropeptid, jeder Emotion süchtig sein. Wir bringen uns in Situationen, die das biochemische Verlangen der Zellen unseres Körpers erfüllen.« So erläutert es Dr. Joseph Dispenza, promovierter Biochemiker, im genannten Film.

Dieser Blickwinkel ist natürlich hoch spannend, weil er die Ernsthaftigkeit herausstreicht, mit der wir uns ans Werk machen sollten. Eine gute alte, eingefahrene Verhaltensspur können wir nicht mal eben, quasi nebenbei, verlassen. Und dennoch ist es nicht gar so dramatisch wie gedacht. Es braucht die richtige Technik und den entsprechenden Sportsgeist, um sich langfristig von »alten Bekannten« im System zu verabschieden.

Übung: Training des Achtsamkeitsmuskels

Einführung
Erinnern wir uns an die gute Nachricht des Neurobiologen Gerald Hüther, was ein menschliches Gehirn gegenüber allen programmgesteuerten Konstruktionen auszeichnet: »die zeitlebens vorhandene Fähigkeit, einmal im Hirn entstandene Verschaltungen und damit die von ihnen bestimmten Denk- und Verhaltensmuster, selbst scheinbar unverrückbare Grundüberzeugungen und Gefühlsstrukturen, wieder zu lockern, zu überformen und umzugestalten.« (Hüther 2010, S. 23)
Oft gefahrene Spuren bezeichnet die Neurowissenschaft als Gedankenautobahn, neu angelegte Verschaltungen als Trampelpfad.

Ziel
Loslösung von hinderlichen eingefahrenen Mustern und Prägungen. Training einer steten Aufmerksamkeit und Handlungskonsequenz. Erkennen und Erweiterung von persönlichen Wirklichkeitskonstrukten.

Übungsablauf
- Nehmen Sie als Erstes wahr, wie ein klassisches Handlungsmuster bei Ihnen funktioniert.

- Beobachten Sie dann, wie ein bestimmter Reiz (beispielsweise eine für Sie kränkende Aussage) eine bestimmte Reaktion in Gang setzt (zum Beispiel Wut, Angriff, Rückzug, Trotz).
- Beim nächsten Reiz treten Sie innerlich einen Schritt zurück, atmen einige Male tief durch und probieren statt der automatischen Reaktion eine bewusst gewählte Aktion aus. Die kurze Unterbrechung der Reiz-Reaktions-Kette lässt biochemische Vorgänge in sich zusammenfallen und schafft neurobiologisch Raum für eine neue Verschaltung.
- Studieren Sie präzise die Resonanz der Handlungsvariation auf sich und Ihr Gegenüber und welche Folgen es auf den Fortgang Ihres Gesprächs hat.
- Wenn Ihnen die Wirkung gefällt, dann fangen Sie an zu spielen. Treten Sie immer wieder geistig und emotional einen Schritt zurück, und treffen Sie eine bewusste Entscheidung: Gedankenautobahn oder Trampelpfad?
- Nehmen Sie es sportlich, und trainieren Sie Schritt für Schritt Ihren Achtsamkeitsmuskel.

Üben Sie in einfachem Terrain und steigern Sie langsam den Schwierigkeitsgrad. Beginnen Sie mit dem Training in Situationen, in denen Sie emotional nicht weggeschwemmt werden oder von einer Erregung überflutet. Ein Beispiel des aufbauenden Lernens ist das Radfahren, denn auch das begannen Sie wahrscheinlich erst auf glatter Straße mit Stützrädern, bevor Sie sich ins Gelände wagten oder sich heute gar Single-Trails hinrunterstürzen.

Freuen Sie sich an kleinen Erfolgen, und schenken Sie sich selbst Schmunzeln und Geduld. Übung macht den Meister. Mit der Zeit wird sich Ihre neurobiologische Festplatte umgestalten und Sie werden authentisch anders agieren. Reflektieren Sie regelmäßig über Ihre Erfolge – auch wenn sie am Anfang noch »klein« erscheinen. Gerade diese fast unmerklichen Veränderungen initiieren in der Summe kraftvolle, glaubwürdige Veränderungen.

Vom Richter zum Freund

Ich kenne kaum eine so herausfordernde Tätigkeit wie Musterbrechung. Sie fordert unsere gesamte Intelligenz, Kreativität, unseren Mut und unsere Disziplin heraus, um sich durch nichts und gar nichts abschütteln und aus dem Konzept werfen zu lassen. Dazu ist ein wirklich starkes Ziel notwendig, eine brennende Sehnsucht oder eine strahlende Vision als Leuchtfeuer, um in stürmischer See immer wieder den Kurs zu finden.

Machen Sie ein kleines Experiment: Falten Sie Ihre Hände, wie Sie es gewohnt sind. Einer Ihrer Daumen, der rechte oder der linke, wird oben liegen. Ich nehme an, dass Ihnen die Positionierung Ihrer Finger keiner vorgemacht oder angeordnet hat, das heißt, sie hat sich unbewusst ergeben, sie hat sich eingeschlichen, wie so viele andere Angewohnheiten auch. Falten Sie Ihre Hände nun in anderer Reihenfolge, dabei wechselt nicht nur die Daumenposition, sondern auch alle anderen Finger finden einen neuen Platz. Und – wie fühlt sich das Ganze an? – Ungewohnt? Seltsam? Verdreht? Falsch?

Genauso wird es sich anfühlen, wenn Sie Ihrem inneren Richter Zügel anlegen. Wenn Sie sich mit freundlichen Worten Wertschätzung entgegenbringen, anstatt wie gewohnt unter Druck setzen. Sie werden sich selbst nicht über den Weg trauen und denken, hier stimmt nun gar nichts mehr. Auch Ihr Umfeld wird vielleicht seltsam reagieren, wenn Sie, statt wie üblich, um 19 Uhr aus dem Büro hetzen, gemächlich um 17 Uhr Ihren Arbeitsplatz verlassen. Bei einschneidenden Veränderungen, die die altbekannte Komfortzone durcheinanderrütteln, ist Widerstand quasi vorprogrammiert – ob er von Ihnen selbst oder von anderen stammt, die Sie aus einer bekannten, berechenbaren, praktischen Lebensform nur ungern entlassen wollen.

Um diese vorhersehbaren Hürden meistern zu können, sollten Sie sich mental impfen. Spielen Sie in Ihrem Inneren mögliche Reaktionen durch, und überlegen Sie sich in Ruhe und mit Überblick angemessene Spielformen, damit umzugehen. Rüsten Sie sich für die Fallgruben, die Ihnen haufenweise begegnen werden. Und nehmen Sie es sich selbst nicht krumm, wenn Ihre ersten Anläufe noch nicht gelingen mögen. Übung macht den Meister – wie immer. Auch der Achtsamkeitsmuskel braucht unablässiges Training, damit er wachsen und gedeihen kann. Ihre ersten Erfolge werden aber so erquicklich sein, dass Sie nicht mehr anders können als weiterzumachen.

SCHRITT 6:
Grenzen setzen – Grenzen wahren – Grenzen öffnen

»Das Gefühl der Zeitnot hat wenig mit Zeit, viel hingegen mit Perspektive zu tun. Entscheidend ist, wie sehr wir das Gefühl haben, den Rhythmus unserer Tage selbst zu bestimmen – ob wir uns als Herren unserer Zeit empfinden.«
Stefan Klein

(In: Die Zeit)

Werden Sie sich selbst und anderen gegenüber konsequent

Ein Paradethema

Das nächste Thema eignet sich prächtig, um die Unterbrechung der Reiz-Reaktions-Kette emsig zu trainieren. Es geht um Grenzverläufe, die sich in unserer eigenen inneren Landkarte vollziehen oder im Umgang mit unseren Mitmenschen.

Der Klassiker: Eine alleinerziehende berufstätige Mutter inspiziert mithilfe der »Energiefass-Übung« ihren momentanen Kräftehaushalt. Man kann es ihr regelrecht ansehen, dass sie auf dem letzten Loch pfeift. Dementsprechend fällt ihr Resultat nicht berauschend aus.

Schon seit Jahren ist sie in einer sich täglich wiederholenden Kette von Abläufen eingepfercht, die ihr selbst kaum eine ruhige Minute gönnen. Nach ihrer ersten Analyse sagt sie zu mir: »*So wie es jetzt läuft, kann es eigentlich nicht weitergehen. Ich spüre deutlich, dass ich am Rande meiner Kräfte bin. Aber was kann ich tun? Ich weiß ja, was mich täglich nervt und überfordert, aber ich kann nichts ändern. Jede Sekunde meines Alltags ist verplant mit Tätigkeiten, die unverzichtbar sind. Bis die Kinder nicht größer geworden sind, sehe ich keine Chance, um meinem Hamsterrad zu entkommen.*«

All die Aufgaben und Pflichten, von denen sie berichtete, wirkten tatsächlich unumgänglich. Dennoch bemerkte ich in der Art ihrer Erzählung, dass ihre Belastungen nicht nur davon herrührten, was sie machte, sondern auch daher, wie sie es tat. In ihrem ganzen Wesen war eine hohe Grundspannung zu spüren – und diese Spannung zog ständig Energie, das war nicht zu übersehen. Mithilfe der Übung »Die Biografielinie« gingen wir auf Spurensuche, welche Erlebnisse sie mit solch einem intensiven inneren Druck versehen hatten.

Ihre Eltern hatten sich ebenfalls scheiden lassen, sie selbst hatte unter der Trennung sehr gelitten und musste zeitweise sogar als Schlüsselkind aufwachsen. Als sich bei ihrem Mann und ihr nach einigen Jahren herauskristallisierte, dass sie überhaupt nicht zusammenpassten, begannen sich in ihr viele schlechte Erinnerungen in Gang zu setzen. Neben der bitteren Erkenntnis und dem Kummer darüber, dass ihre Ehe gescheitert war, woran sie eine ganze Weile zu knabbern hatte, überfiel sie ein ungemein schlechtes Gewissen, dass sie ihren Kindern nun ein ähnliches Schicksal wie das eigene zuteil werden ließ. In der Gestaltung ihres gemeinsamen Tagesablaufs setzte sie alles daran, dass es ihren Kindern an nichts fehlen sollte und sie unter der Trennung möglichst wenig zu leiden hätten.

All ihre Gefühle und Gedanken waren gut nachvollziehbar, und dennoch war klar, dass dieses ganze verknotete, verstrickte Konstrukt ihr keinerlei Luft zum Durchatmen schenkte. Sie verstand, dass eine Mutter, die sich ständig um das Wohlergehen ihrer Kinder kümmerte und quasi überambitioniert um sie herumsprang, dabei aber völlig ausbrannte, auf Dauer auch keine gute Lösung sei. Gott sei Dank konnte sie an dieser Stelle das erste Mal über sich selbst schmunzeln.

Im nächsten Schritt inspizierte sie kritisch die Aussagen ihres inneren Richters. Der Kerl war äußerst aktiv und attackierte sie tagtäglich mit ungeheuren Ansprüchen, was sie alles zu leisten hätte. Viel zu oft machte sie sich selbst runter und gab sich für die Konsequenzen der jetzigen Situation alleinig die Schuld. Gleichzeitig fühlte sie sich von anderen Menschen und vom Leben an sich regelrecht bestraft. Sie empfand sich als Opfer und Täter zugleich und konnte dieses Stimmengewirr in sich selbst schwer durchdringen. Diese Stimmungslage war ihr allerdings wohlvertraut. Als Kind dachte sie oftmals, für die Streitigkeiten ihrer Eltern der Auslöser gewesen zu sein. Ihre Mutter verneinte dies zwar immer wieder, aber so recht wollte sie deren Ausführungen nie glauben. Insgesamt war sie auf die ganze Situation stinksauer, am meisten auf sich selbst.

Ihr wurde klar, dass dieses Grundlebensgefühl der Überverantwortung ihr regelrecht Mühlsteine um den Hals gehängt hatte. Ihre täglichen Pflichten wogen schon schwer genug, aber ihre letztendlich kindhaften Emotionen und Interpretationen warfen Zentner auf die Waage der Energiebalance. Mit den nächsten zwei Übungen brachte sie in diese verknäulte Gemengelage noch mehr Transparenz. Sie fand heraus, an welcher Stelle sie als Erstes einen Hebel ansetzen konnte, um ihr Leben langsam in ein neues Fahrwasser zu bringen. Und sie formulierte erste konkrete, realistische Schritte, mit denen sie in ihrem Alltag durchstartete.

Übung: Grenzen setzen – Grenzen achten – Grenzen öffnen

Einführung

Im täglichen Leben haben wir es ständig mit Grenzen zu tun, die mir ein anderer steckt oder die ich meinem Gegenüber aufzeige – oder auch nicht. Je konkreter und eindeutiger dieser Austausch geschieht, umso einfacher kann sich ein Zusammenleben konstituieren. Viele Konflikte entwickeln sich, da die beteiligten Personen ihre authentischen Gefühle und Gedanken hinterm Berg halten und »herumdrucksen«. Diese verschleierten Wahrheiten können schwelende Konflikte bedingen, die reine Energiefresser sind.

Interessant ist, dabei zu beobachten, dass die Thematik wie eine Waage aufgehängt ist: Ein Mensch, der an einer Stelle zu wenig Grenzen setzt und Überforderungen sowie Kränkungen schluckt, schafft sich an anderer Stelle Gegengewichte, mit deren Hilfe er diesen Druck an andere weitergibt. Wer schluckt, fängt irgendwo das Spucken an – ob in lauter und aggressiver Form oder subtil und leise. Je differenzierter man sich in seinen Verhaltensweisen beobachtet, umso angemessener kann man sich selbst an dieser Stelle steuern. Dabei gilt es, tief sitzende Glaubenssätze, die immer wieder ihre Attacken ausfahren, freundlich, aber konsequent in ihre Schranken zu weisen. Um uns seelisch, körperlich, geistig und emotional gesund zu halten, müssen wir lernen, unsere persönlichen Bedürfnisse wahrzunehmen und auch klar und eindeutig zu kommunizieren.

Ziel

Genaue Aufschlüsselung des Verhaltens zum Thema »Grenzen«. Transparente Darstellung von subtilen Beziehungsgeflechten. Ausrichtung auf Klarheit und Konsequenz.

Material

Moderationskarten, Stifte, Seile oder Klebebänder.

Übungsablauf

Schritt 1: Legen Sie mit den Seilen einen inneren und äußeren Kreis. Der innere Kreis symbolisiert Ihren persönlichen Standpunkt, aus dem heraus Sie in die Übung starten. Den äußeren Kreis unterteilen Sie in drei Felder:

- Bereich 1: Wem gegenüber müssen Sie klare Grenzen ziehen?
- Bereich 2: Wessen Grenzen müssen Sie respektvoller achten?
- Bereich 3: In welchen Situationen sollten Sie Grenzen öffnen?

Schritt 2: Stellen Sie sich zunächst in den inneren Kreis und lassen Sie die drei Fragen auf sich wirken. Betreten Sie nach Ihrer bevorzugten Reihenfolge die drei Untersuchungsräume – zwischen den Feldwechseln gehen Sie immer wieder in den inneren, neutralen Kreis zurück. Achten Sie dabei auf die Botschaften von Körper, Herz, Verstand und Seele. Definieren Sie Personen sowie Situationen. Beschriften Sie jeweils eine Moderationskarte, die Sie in dem jeweiligen Feld niederlegen.

Schritt 3: Passen Sie zum Schluss die Größe der Felder der tatsächlichen Gewichtung der Themen an, um den Umfang der jeweiligen »Baustelle« sichtbar zu machen. Dies verdeutlicht Ihre Rollenpräferenz.

Schritt 4: Treten Sie einen Schritt zurück, und lassen Sie das Ganze in Ruhe auf sich wirken. Gehen Sie nach und nach Ihre Erkenntnisse durch. Es ist obsolet, zu erkennen, dass Sie nicht nur Opfer sind, sondern auch immer wieder als »Täter« agieren. Vielleicht agieren Sie an mancher Stelle zu devot, an einer anderen zu dominant. Dieses Ungleichgewicht gilt es, Schritt für Schritt neu zu ordnen.

Schritt 5: Legen Sie sich einen genauen Maßnahmenplan an, in welcher Form Sie die Thematik anpacken und in welchen Teilstufen Sie sie verändern möchten. Dabei sollten Sie das Verhalten sich selbst gegenüber genauso berücksichtigen wie das Auftreten gegenüber anderen Personen.

Was sind die tieferen Beweggründe meines Handelns?

Viele der Teilnehmer berichten, dass ihnen diese Übung richtig unter die Haut fährt. Sie fördert schlummernde Wahrheiten zutage. Diese sind nicht immer leicht zu akzeptieren.

Zunächst steht der Umgang mit sich selbst im Mittelpunkt der Betrachtung. Die Einschätzung und Bewertung unseres Denkens, Handelns, Auftretens und unserer äußeren Erscheinung divergiert leider oft mit dem Bild, wie wir gerne wären beziehungsweise wirken möchten. Aus dieser Diskrepanz ergibt sich eine ungeheure Tretmühle. Ich kenne dieses Thema selbst sehr gut, da ich schon in frühen Jahren einen rasanten inneren Richter entfaltet habe. Aus dem Drang heraus, gesehen zu werden und Zuwendung zu erfahren, konstruierte ich mir ein persönliches Anforderungsprofil, das nichts offen ließ. Wenn ich etwas anpackte, verfolgte ich es mit größter Akribie und schoss in vielen Fällen weit über das Ziel hinaus. Im Nachhinein betrachtet kann ich feststellen, dass mich mein bedürftiges Ego – hinter dem sich sehnsuchtsvoll Herz und Seele versteckten – zu ungeheuren Übertreibungen verleitete. Widmete ich mich einer Aufgabe, wollte ich sie immer so gut als möglich abschließen. Natürlich stülpte ich diese hohen Anforderungen nicht nur mir selbst über, sondern auch jedem anderen, mit dem ich zu tun hatte. Es fiel mir nicht leicht, mir diese Tatsache einzugestehen. Mich von jemand anderem unter Druck gesetzt zu fühlen, fiel mir bei aller augenscheinlichen »Doofheit« noch einfacher zu ertragen, als zu begreifen, dass ich die gleichen Mechanismen bei mir selbst und anderen genauso anwendete. Viele Grenzüberschreitungen hatten sich über Jahre manifestiert und mir war klar, dass es entschiedener Kraft bedurfte, aus solch eingeschliffenen Verhältnissen auszubrechen.

So brachte mir das Leben schrittweise bei, dass in vielen Fällen weniger mehr ist. Dieser Lernprozess, der sich stetig fortsetzt, war oft schmerzhaft, aber dadurch sehr einprägsam. Ich musste feststellen, dass ich mit der gleichen Kraft, mit der ich Gutes schaffte, genauso auch destruktiv alles kaputt machen konnte. Es kommt immer auf die Dosierung und auf die Balance an! Um langsam mehr Ruhe und dadurch mehr Überblick sowie realistisches Einschätzungsvermögen zu gewinnen, musste ich mich als Erstes meinen Ängsten und Selbstzweifeln öffnen, die ich mit meiner Dynamik zu überspielen versuchte. Hinter meinem Aktionismus verbarg sich ein sehr sensibles Wesen, das schlicht und ergreifend nur seinen Platz im Leben finden und einnehmen wollte: Sein und ausdrücken dürfen, was es ist, nicht mehr und nicht weniger. Ich lernte, dieser inneren Stimme sehr genau zuzuhören – sie ist mein wichtigster Kompass in kleinen und großen Entscheidungen geworden.

Aus dieser Perspektive fokussierte ich sowohl meinen Tagesablauf als auch längere Aktionsbögen:

»Was treibt mich an? Welcher Wunsch steht hinter dem ersten, augenfälligen Bedürfnis beziehungsweise Muster? Kann ich mein Anliegen auch auf einem anderen, Kräfte sparenderen, ehrlicheren, direkteren Weg erreichen? Wie kann ich meine Bedürfnisse mit denen anderer Menschen verbinden? Wie fühlt sich mein Leben lockerer und entspannter an? Führt mein Handeln – aus einer größeren Perspektive betrachtet – zu dem, was ich mir unter einem guten, erfüllten Leben vorstelle? Deckt sich mein Handeln mit meinem Sinn- und Werteverständnis?«

Dieses Hinterfragen meines gesamten Entscheidungsprinzips hat mich nach und nach auf eine neue Lebensspur gebracht. Die Übung »Grenzen setzen

– Grenzen achten – Grenzen öffnen« hilft mir täglich, den Überblick zu bewahren. Ich achte die Bedürfnisse meines Körpers genauso wie die des Verstandes und die von Herz und Seele. Ich stecke meinem inneren Richter, Antreiber und Perfektionisten klare Grenzen, wenn er mich wieder einmal aufs Glatteis der Überaktivität ziehen möchte. Ich öffne mich meinen feinen, authentischen Wahrnehmungen sowie Stimmungen und bemühe mich, ihnen aufmerksam zuzuhören anstatt über sie drüberzubügeln, wenn sie mir nicht in den Kram passen.

Dieser achtsame Umgang mit mir selbst hat mein Feingefühl und meine Differenzierungsfähigkeit gesteigert und schenkt mir die Möglichkeit, auch anders auf andere Menschen zuzugehen. Denn in der Interaktion laufen genau dieselben Mechanismen ab wie in meinem Selbstgespräch. Auch hier helfen mir Fragen weiter. Beispielsweise folgende:

- Kann ich mich einem anderen Menschen öffnen und versuchen, ihn möglichst wertfrei und offen in seinen authentischen Regungen und Äußerungen wahrzunehmen?
- Beachte ich seine Bedürfnisse sowie Wünsche und nehme sie genauso ernst wie meine eigenen?
- Bin ich ihm gegenüber ehrlich und kommuniziere ich klar und deutlich meine Grenzen, an denen er sich unmissverständlich orientieren kann?
- Oder packe ich den anderen blitzschnell in eine Schublade – instrumentalisiere ich ihn für meine Bedürfnisse und halte ihn im Unklaren über meine wahren Gefühle und Gedanken?

Das Thema »Grenzen setzen, wahren und öffnen« ist ein unerschöpfliches Lernfeld und bringt immer wieder die überraschendsten Erkenntnisse zutage. Wer in sich Kraft und Stärke freisetzen möchte, kommt an diesem Thema nicht vorbei. Eine ehrliche Beschäftigung damit hilft ungemein, um mit sich selbst ins Reine zu kommen. Gebundene Energien, das heißt offensichtliche als auch versteckte Belastungsherde, offenbaren sich hierbei und können beseitigt werden.

Die nächste Übung hilft, einen anstehenden Veränderungsprozess detailliert aufzubohren und sich ein bisher nie erreichtes Ziel in machbare Teilschritte zu zerlegen. Dabei verknüpfen sich einige der schon besprochenen Inhalte und Trainingsschritte.

Übung: Raus aus dem Hamsterrad

Einführung

Viele Menschen und Gruppen bewegen sich über Jahre in einem bestimmten Korridor ihrer Potenzialentfaltung. Ohne dass sie es bemerken, steuern unbewusste Emotionen ihre täglichen Verhaltensweisen und Interaktionen. Um eine tatsächliche Neuerung in einer eingespielten, automatisierten Gefühls-, Denk- und Handlungswelt hervorzurufen, gilt es, mit einem mutigen Schritt aus der persönlichen Komfortzone herauszutreten. Sobald wir Menschen aus einem eingefahrenen Muster ausbrechen und unsere wohlbekannte Gedankenautobahn verlassen, werden unterschiedliche Emotionen und Gedankenketten in Bewegung gesetzt. Dabei können so unterschiedliche Empfindungen wie Angst, Bequemlichkeit, Freude oder Neugierde auftauchen. Unser Organismus hält gerne am Bekannten fest, weil dieser Zustand Sicherheit und Stabilität suggeriert. Genauso wie unser eigenes System hat sich auch unser Umfeld an bestimmte Eigenarten und Verhaltensweisen von uns gewöhnt. So sind Personen in unserer nächsten Umgebung vielleicht gar nicht begeistert, wenn wir plötzlich unser altbekanntes, einschätzbares Profil verändern. Oft fühlen sie sich durch unsere Positionsveränderung genötigt, auch ihre Verhaltensweisen auf den Prüfstand zu legen – das kann Konflikte hervorrufen. All diese inneren und äußeren Widerstände müssen im Vorfeld einkalkuliert und aktiv in den Wandel integriert werden.

Um eine tief eingeschliffene Handlungsweise oder Situation wirklich zu überwinden, muss man sehr klar und konsequent ans Werk gehen. Erst einmal gilt es, ein kraftvolles Ziel beziehungsweise eine Vision zu schaffen, die mit einer hohen Motivation und Leidenschaft ausgestattet ist. Als Nächstes müssen alle unbewussten Glaubenssätze und Überzeugungen identifiziert werden, damit der Umgestaltungsprozess nicht ungewollt aus alter Gewohnheit untergraben werden kann. Wichtig ist außerdem die eindeutige Definition übersichtlicher, machbarer Teilschritte, die für die beteiligten Personen konkretisierbar sind. Mit dieser Übung können die einzelnen Stufen plastisch ausgelegt und Schritt für Schritt durchlaufen sowie überprüft werden. Für den flüssigen Ablauf ist es gut, wenn Sie einen Freund oder Vertrauten finden, der Sie durch die Aufgabe hindurch begleitet.

Ziel

Genaue Prozessaufschlüsselung einer fundierten, nachhaltigen Verhaltensänderung.

Material

Langes Seil, große, runde Moderationskarte, kleine Moderationskarten, Stifte.

Übungsablauf

Schritt 1: Definieren Sie ein Ziel oder eine Vision, die Ihnen fest am Herzen liegen und die Sie unbedingt erreichen möchten. Schreiben Sie es in einer klaren, knappen Formulierung auf die große, runde Moderationskarte nieder. Dann formulieren Sie Ihre bisherige »Komfortzone«, bildhaft gesprochen Ihr »Hamsterrad«, in dem Sie sich befinden. Um Ihr Lebensgefühl plastisch auszudrücken, legen Sie mithilfe eines Seils diese Komfortzone aus.

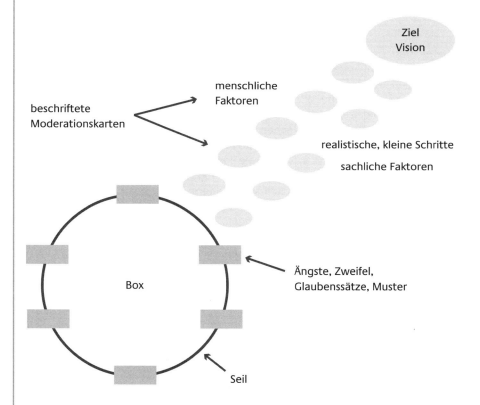

Schritt 2: Treten Sie auf Ihre Visionskarte und stellen Sie sich durch und durch vor, dass Sie dieses Ziel erreicht haben. Ihr Kollege, in der Rolle des Coachs, interviewt Sie dabei nach den Botschaften Ihres Körpers, der Gefühle, des Verstandes und der Seele – und kontrolliert, ob Sie dieses Ziel auch wirklich glücklich stimmt. Sollte in Ihrem System eine Irritation auftreten, können Sie Ihre Zielsetzung so lange testen und umdefinieren, bis Sie Ihre Ausrichtung als stimmig erleben.

Schritt 3: Nun treten Sie in Ihr bisheriges Lebensgefüge und spüren genau dem Unterschied nach: Wie fühlt es sich in Ihrer altbekannten Situation an im Gegensatz zu dem Zustand des realisierten Ziels/der Vision? Lassen Sie sich Zeit, in Ruhe zu erforschen, welche Vorteile Ihnen Ihr bisheriger Zustand gebracht hat! Im Weiteren studieren Sie, welche tief verankerten Glaubenssätze, Überzeugungen, Muster und Prägungen Sie in Ihr Hamsterrad gebracht haben und bisher darin bleiben ließen. Die Glaubenssätze, Ängste, Zweifel, guten Gründe und anderes mehr werden auf Moderationskarten niedergeschrieben und in oder um das Seilbild ausgelegt.

Schritt 4: Prüfen Sie, ob Sie bereit sind, aus Ihrer altbekannten Lebenssituation herauszutreten und etwas Neues zu wagen. Sobald es für Sie stimmig ist, verlassen Sie Ihr Hamsterrad und bewegen sich auf Ihr Ziel zu. Sie definieren klare, messbare Teilschritte auf Sach- und Beziehungsebene, die Sie Ihr Vorhaben systematisch gelingen lassen. Schlüsseln Sie gemeinsam jeden bisherigen Widerstand beziehungsweise jede Ausrede und Entschuldigung auf. Machen Sie sich Ihr persönliches Entwicklungspotenzial sichtbar – und fassen Sie Mut und Verständnis, dass Sie nichts und niemand an Ihrer Erfüllung hindern kann, wenn Sie konsequent an Ihren Entscheidungen festhalten. Die Teilschritte werden auf Moderationskarten geschrieben und können die Grundlage für einen Umsetzungsplan bilden.
Sollten Sie spüren, dass Sie noch nicht bereit sind, Ihr jetziges Lebensgefüge zu verlassen, und dass Sie innerliche oder äußere Umstände dazu zwingen, in dieser Lebenskonstellation zu verharren, dann setzen Sie sich auf keinen Fall unter Druck! Extrahieren Sie Perspektiven, mit denen Sie Schritt für Schritt an Ihrer inneren Haltung arbeiten können. Mit Geduld werden sich weitere Möglichkeiten auftun.

Schritt 5: Zum Schluss durchwandern Sie noch einmal den gesamten Prozess und inspizieren die Ergebnisse.

Bisherige Hinderungsgründe systematisch miteinbeziehen

»Raus aus dem Hamsterrad« ist eine tolle Übung, um schnell auf den Punkt zu kommen. Durch die verschiedenen Stufen wird ein in sich komplexer Prozess transparent und nachvollziehbar dokumentiert. Zunächst sind Sie herausgefordert, ein gutes Ziel zu formulieren. Gut bedeutet: nicht zu klein und nicht zu groß, den wahren Anliegen und Sehnsüchten entsprechend, unter Berücksichtigung der realen Bedingungen und Ressourcen.

Durch das Hineinstellen in das Anliegen und den sorgfältigen Abgleich mit den Botschaften von Körper, Herz, Verstand und Seele kann die Ausrichtung aufmerksam überprüft und hinterfragt werden. Ein stimmiges, emotional positiv aufgeladenes Ziel kann regelrecht als Magnet dienen und unglaubliche Energien freisetzen. Man sieht es Personen sofort an, wenn sie auf einem erfüllenden Herzenswunsch stehen: Ihr Körper richtet sich auf, die Augen strahlen, ihre Stimme wird fest und klar.

Betreten sie danach ihren Seilkreis als Abbild ihrer jetzigen Lebenskonstellation, spricht ihr Körper zumeist auch Bände. Er bringt unmissverständlich zum Ausdruck, was sie tatsächlich empfinden – und diese Emotionen gilt es, sichtbar zu machen. Gefühle auf Moderationskarten zu schreiben und übersichtlich auf dem Boden zu positionieren, kann enorm augenöffnend wirken. Unbewusste Gefühle und Empfindungen, die bisher die Realisierung von guten Vorsätzen sabotiert haben, können aufgeschlüsselt und bewusst integriert werden. Die Definition von realisierbaren Lernstufen und praktischen Maßnahmen, die sich auf sachlicher und menschlicher Ebene abbilden, erzeugt auf dem langen Weg zum Ziel jede Menge Halte- und Ankerpunkte.

Wem es mit seiner Potenzialentfaltung wirklich ernst ist, kann mit dieser Systematik jede noch so verzwickte Problemstellung lösen. Der wichtigste Punkt dabei ist, dass die bisher unbewussten »Verhinderer« ans Licht gebracht werden und jeder noch so unangenehme oder beängstigende Aspekt eine Würdigung und Zuordnung findet. Die Sichtbarmachung, Wertschätzung und Integration ungeliebter Anteile der eigenen Person können gänzlich neue Entwicklungswege hervorbringen. Dieser Prozess schenkt Kraft und Mut, um notwendige Auseinandersetzungen anzupacken und möglichen Konflikten nicht mehr aus dem Weg zu gehen, sondern sie aktiv zu bewältigen.

SCHRITT 7:
Konflikte aktiv angehen

»Unsere Gegner sind Lehrer,
die uns nichts kosten.«
Ferdinand Vicomte de Lesseps

Werfen Sie einschränkende Denk- und Handlungsmuster über Bord

Die nüchterne Betrachtung der Ursache-Wirkungs-Kette

Im Laufe der vorhergehenden Übungen werden Sie auf einige Punkte gestoßen sein, bei denen Sie eine Veränderung herbeiführen möchten. Oftmals werden dabei auch andere Personen involviert sein, deren Verhalten auf das ganze Geschehen mit einwirkt. Nun besteht die große Kunst darin, Folgendes genau zu unterscheiden:

- Inwieweit können Sie alleine durch die Weiterentwicklung Ihrer eigenen Fühl-, Denk- und Verhaltensmuster Ihre Ziele erreichen?
- Möchten Sie andere Personen über Ihren geplanten Entwicklungsweg informieren?
- Benötigen Sie die Unterstützung Ihres Umfelds und sollten Sie einen konstruktiven Dialog darüber suchen?
- Müssen Sie zunächst unbewusste, verdrängte, schwelende Konflikte klären?
- Inwieweit können Sie andere Personen dazu animieren, auch an sich zu arbeiten?

Der letzte Punkt ist der unwahrscheinlichste, der auf Anhieb gelingen wird. Interessanterweise zieht uns diese Lösung aber immer wieder magisch an – und verursacht meistens erst recht Konflikte.

Vor vielen Jahren konnte ich mit der fantastischen Stockkampflehrerin Pia André arbeiten, die uns Schülern eine goldene Regel mit auf den Weg gab: »*Ich arbeite an mir selbst und nicht am anderen.*« Dieser Satz schlug bei mir ein wie ein Blitz, da ich mich regelrecht ertappt fühlte, wie oft ich versuchte und leider immer wieder versuche, zu lösende Probleme elegant meinem Umfeld zur Last zu legen.

Ihren Grundsatz ernst zu nehmen, bedeutet für mich eine ungeheure geistige Disziplin, in der ich mich beständig übe. Unstimmigkeiten erst einmal zu überdenken und sie auf meine eigene Verantwortung hin zu überprüfen, verlangt große Geduld. Es bedeutet, dass ich das Problem richtiggehend zu mir nehme, als würde ich es auf meinen Schoß setzen und sein ganzes Gewicht zunächst selbst tragen. Je emotionaler das Ganze aufgeheizt ist, umso mehr Ärger, Wut und Abwehr kann diese Achtsamkeitsübung in mir auslösen. Stehe ich sie durch, schwitze ich all diese Gefühle aus – und dann kommt der wesentliche Erkenntnisgewinn.

Ruhiges Schauen auf das, was ist, öffnet den Blick für komplett neue Blickwinkel und Handlungsoptionen. Bei genauer Betrachtung entdecke ich meistens, dass vielen Ärgernissen und Auseinandersetzungen eine lange Kette von Ereignissen vorgeschaltet ist. Diese Ursache-Wirkungs-Kette ist höchst interessant zu studieren, da unter sachlicher Beobachtung viele Konflikte durch Wechselwirkungen entstehen. Jede Aktion ruft eine Gegenreaktion hervor, die wiederum eine Antwort zur Folge hat. Ein Wort gibt das nächste, und schneller, als man es sich versieht, verwickelt man sich in einem Knäuel von Gedanken und Gefühlen, deren Ursprung nicht mehr sichtbar ist.

Möchte ich Konflikte vermeiden oder schon bestehende Schwierigkeiten aktiv anpacken und zu einer entlastenden Klärung bringen, ist es enorm hilfreich, wenn ich meine Wirkung auf andere Personen verstehe und somit bewusst steuern kann. In jeder Begegnung finden neben dem gegenwärtigen, realen Austausch gleichzeitig viele Übertragungen aus vorhergehenden Situationen beziehungsweise Erfahrungen statt. Je klarer ich zumindest meine eigenen Gefühle, Gedanken und Worte in der speziellen Situation aufschlüssele, umso eher kann ich assoziieren, was ich vielleicht bei meinem Gegenüber mit meinem Verhalten auslöse. Je mehr Verständnis ich gewinne, umso eher bin ich einem Kommunikationsverlauf nicht mehr unbewusst ausgeliefert, sondern kann die Gestaltung von Wortwechseln aktiv steuern.

Gerade bei einem Konfliktgespräch ist es dringend vonnöten, die eigenen Emotionen zu kennen und sie zum einen in sich zuzulassen, zum anderen aber Ruhe und Überblick zu bewahren. Der folgende Übungsaufbau ist eine große Unterstützung, um Beziehungskonstellationen unter die Lupe zu nehmen und in ihrer individuellen Dynamik aufzuschlüsseln.

Übung: Blickpunktwechsel

Einführung

Wir Menschen sind in vielfältige Netzwerke eingebunden. Ob im Job, in der Familie, im Freundeskreis, im Verein, in der Kirche oder in ehrenamtlichen Positionen – meistens haben wir es bei der Erledigung von Tätigkeiten mit einem Gegenüber zu tun, mit dem wir uns über Kommunikation abzustimmen haben. Ein gelungener Austausch fungiert als Basis von effizienter Interaktion. Wobei Kommunikation nur zum Teil über die Gesprächsebene verläuft. Der bekannte Affektforscher Rainer Krause geht davon aus, dass sich 90 Prozent der Kommunikation über Körperhaltungen, Verhalten, Mimik und Gestik vollziehen. Dazu kommen die Wortwahl, die einzelnen Betonungen, der Sprachfluss. Ein gelungener Austausch, bei dem alle Beteiligten sich verstanden fühlen und gleichzeitig den anderen verstanden haben, ist eine große Kunst, die als lebenslanges, spannendes Übungsfeld fungiert.Diese Übung hilft Ihnen, sich für Ihre persönliche Ausstrahlung auf andere zu sensibilisieren.

Eine Begegnung von zwei Personen lässt sich in verschiedene Wahrnehmungsebenen zerlegen.

- Das *Ich* mit der Fragestellung: »Was löst die Begegnung in mir aus? Welche Gedanken, Gefühle, Körperwahrnehmungen bewegen mich?«
- Das *Du:* »Was denkt, fühlt, erlebt wohl mein Gegenüber? Wie geht es mir an seiner Stelle? Wie wirke ich auf meinen Gesprächspartner?«
- Der *Zeuge:* »Was passiert zwischen den beiden? Was nimmt der Zeuge wahr?«

Wer die Dynamik einer Beziehung verstehen möchte, sollte sich aller drei Ebenen bewusst werden und sie am ganzen Leib durchleben.

Ziel

Die Übung schenkt die Möglichkeit, in die »Haut« Ihres Gegenübers hineinzuschlüpfen, um genau zu verstehen, wie Sie auf die andere Personen wirken und welche Reaktionen Sie in ihr auslösen. Beherrschen Sie die Technik des einfühlsamen Hineinversetzens, können Sie – unabhängig von der Anwesenheit oder Gesprächsbereitschaft eines anderen – Beziehungen fundiert untersuchen.

Ziel ist, dass Sie die Technik selbstständig in Ihren Tagesablauf integrieren und durchführen können, um Beziehungen im beruflichen wie privaten Kontext vielschichtig zu hinterfragen. Die Übung sollte möglichst präventiv instrumentalisiert werden, sobald heikle Gespräche anstehen, Beziehungen in Schieflage geraten und Konflikte sich noch vor einer Eskalation befinden. Sie hilft natürlich auch immens bei der Vorbereitung auf einen möglichen aufgeheizten Schlagabtausch. Wer die folgende Hinterfragung ernsthaft durchläuft, wird jeden noch so hochgekochten Streit abkühlen können. Da er selbst nicht mehr in hemmungslose Emotionalität verfallen wird, kann er über das schlichte Resonanzprinzip sein Gegenüber mitberuhigen.

Übungsaufbau

Stellen Sie drei Stühle auf für die drei Positionen »Ich«, »Du« und »Zeuge«. Die Stühle können frei im Raum aufgestellt oder auch als Abbild der »energetisch gefühlten« Beziehung positioniert werden. Das heißt, der Abstand und die Zugewandtheit der Stühle verdeutlichen bildhaft die gefühlte Nähe beziehungsweise Distanz zwischen den beiden Personen.

Übungsablauf

Schritt 1: Setzen Sie sich als Erstes auf den Ich-Stuhl und schildern Sie die Beziehung frank und frei aus Ihrer Sicht. Verleihen Sie dabei Ihren wahren Gefühlen echten Ausdruck. Alles ist willkommen, was sich offenbaren mag, auch wenn es in diesem Moment sehr einseitig anmutet. Hinterfragen Sie Emotionen wie Wut, Aggression, Resignation in Ruhe, um auch tiefer liegenden Gefühlen die Möglichkeit für Ausdruck zu geben.

Schritt 2: Als Nächstes setzen Sie sich auf den Stuhl des Gegenübers. Spüren Sie zu Anfang aufmerksam in diese Person hinein: »*Was für ein Lebensgefühl hat dieser Mensch? Wie viel Selbstvertrauen besitzt er? Wie mag er sich wohl in seinem Privatleben fühlen? Welchen Belastungen hat er standzuhalten, welche Bedürfnisse muss er erfüllen? Was sind seine Ziele und Erwartungen, welche Visionen und Herzensanliegen verfolgt er? Wofür brennt seine Leidenschaft? Was lehnt er ab? In welchen Situationen fühlt er sich bedroht?*« Dieses tiefe Hineinspüren in das Lebensgefühl der anderen Person ist Basis des weiteren Prozesses. Nehmen Sie sich Zeit und Muße, um in den anderen Menschen facettenreich hineinzufühlen. Erst wenn Sie in dieser Ihnen ungewohnten Wahrnehmungsperspektive intensiv angekommen sind, gehen Sie zum nächsten Teil der Übung weiter.

Nun beschreiben Sie die Qualität Ihrer gemeinsamen Beziehung aus den Augen Ihres Gegenübers. Sie erforschen dadurch, wie Sie auf den anderen wirken und was Sie in ihm auslösen. Achten Sie dabei besonders auf unterschwellige Signale, die Sie selbst aussenden. Es geht also nicht nur um das gesprochene Wort, sondern im Besonderen auch um Ausstrahlung, Mimik, Gestik. Welche Doppelbotschaften transportieren Sie womöglich? Was sagt der Verstand? Was sprechen Körper, Herz und Seele?

Schritt 3: Setzen Sie sich auf den Stuhl des Zeugen, und schauen Sie sich die ganze Situation von außen an. Sie schildern die Beziehungskonstellation aus dem Blickwinkel eines Außenstehenden. Aus dieser Position können Sie leichter das Resonanzverhalten der beiden Personen nachvollziehen: So wie man in den Wald hineinruft, so schallt es zurück.

Ich verliere mein Feindbild

Für die meisten meiner Klienten ist diese Übung zu Anfang eine große Herausforderung. Es ist zwar leicht gesagt, sich in einen anderen Menschen hineinzuversetzen. Aber tatsächlich, vorurteilsfrei, mit Haut und Haar, in die Situation einer anderen, oft ungeliebten Person hineinzuschlüpfen, verlangt Offenheit und Übung. Natürlich können wir nie sicher wissen, wie genau das Gegenüber empfindet, denkt und interpretiert. Dennoch ist es beeindruckend, wie schnell und einfühlsam wir uns in die Erlebniswelt von anderen einfinden können – und somit viel besser verstehen, wie unser Verhalten auf sie wirkt.

Den anderen kann ich nicht verändern – aber an mir selbst kann ich aktiv arbeiten. Wenn ich mich verändere, zieht mein Gegenüber oft mit und wechselt ebenfalls die Position. Hier öffnen sich vielfältige Spielräume der aktiven Beziehungsgestaltung. Es braucht allerdings meine Entscheidung dazu, den anderen aus einem vorgefertigten Feindbild zu entlassen – da gilt es manches Mal, über den eigenen Schatten zu springen. Die Freude über einen sauber ausgetragenen Konflikt lässt diese Anstrengung aber locker verschmerzen.

Die nächste Übung bietet sich an, wenn sich zwischen zwei Menschen viele unterschiedliche, kritische Themen angehäuft haben, die sich schon zu einem undurchsichtigen Knäuel verknotet haben.

Übung: Was trennt uns – was verbindet uns?

Einleitung

Viele Menschen bewegen sich heute durch komplexe Beziehungsfelder. In Unternehmen ist es schon lange üblich, bestimmte Aufgaben und Ziele von Projektteams abwickeln zu lassen. Diese Teams werden meistens aus Spezialisten rekrutiert, die sich mit der Zeit zusammenraufen müssen. Es gibt Mitarbeiter und Führungskräfte, die gleichzeitig in unterschiedlichen Arbeitsgruppen agieren, oftmals befinden sich die Vorgesetzten an einem anderen Standort, sodass die Kommunikation über Telefonkonferenzen stattfindet. Das erleichtert den Austausch nicht unbedingt. Missverständnisse, kontroverse Meinungen oder Hakeleien auf der Beziehungsebene können sich durch mangelnde Kommunikation immer weiter aufbauschen – bis ein massiver Konflikt präsent ist.

Auch privat leben viele Menschen mittlerweile in Patchworkfamilien. Sie haben sich von ihren vorherigen Partnern getrennt und bringen in die neuen Beziehungen mannigfache Altlasten mit ein. Da dreht es sich zum einen um menschliche Themen wie zum Beispiel die Angst vor einem neuerlichen Scheitern, Misstrauen bei bestimmten Verhaltensweisen, Aufmerksamkeit, die nicht dem neuen Partner, sondern den Kindern zuteil wird und vieles andere mehr. Zum anderen handelt es sich um ganz praktische Angelegenheiten wie Finanzen, Besuchszeiten, rechtliche Auseinandersetzungen mit dem alten Partner, Wohnverhältnisse und Ähnliches. Das Gesamtpaket, das auf einer neuen, frisch erblühenden Partnerschaft lastet, kann so groß sein, dass es erdrückend erscheint. Für eine solche oder eine ähnliche Konstellation ist diese Übung extrem hilfreich.

Ziel
Sie erzeugen Transparenz über die Themen und Einflussfaktoren, die auf eine Beziehung eindringen. Sie verschaffen sich einen Überblick und können für klar abgegrenzte Themen gezielte Lösungswege ansteuern.

Material
Zwei Stühle, Moderationskarten in den Farben Gelb, Orange, Rot sowie Stifte und Seile.

Übungsablauf
Schritt 1: Sie positionieren die Stühle als Platzhalter für sich und die andere Person. Sie achten dabei auf Abstand, Ausrichtung, Höhenverhältnisse der Sitzmöbel als Sinnbild der erlebten Beziehung.

Schritt 2: Nacheinander setzen Sie sich auf die beiden Stühle und lauschen in die Position von sich selbst und in die des Partners ganz genau hinein. Sie widmen sich dabei der folgenden Frage: Welche Themen stehen zwischen uns?
Sie beschriften die Moderationskarten:

> *Rot* – brandheiße Themen, die emotional hoch aufgeladen sind und viel Gewicht innerhalb der Beziehung haben
> *Orange* – mittelheiße Themen, die auch wichtig sind
> *Gelb* – nicht so wesentliche Themen, dennoch erwähnenswert

Pro Thema beschriften Sie eine Karte – einmal aus Ihrem Blickwinkel – dann aus der Position Ihres Gegenübers. Die Karten legen Sie auf den Boden und ordnen Sie Ihrem Empfinden nach den Stühlen (Personen) zu.

Schritt 3: Mithilfe der Seile und Karten symbolisieren Sie die Frage:»Was verbindet uns?« Oder auch: »Auf welche Art sind wir verbunden?« Dadurch wird sichtbar, wie stark die Bindung beziehungsweise Abhängigkeit zwischen Ihnen beiden ist.

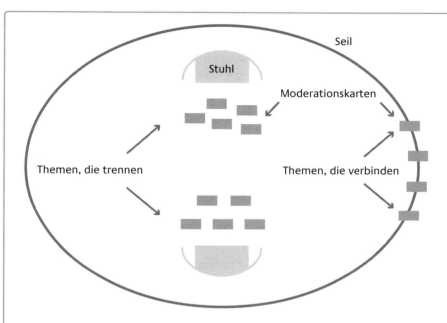

Schritt 4: Nun gehen Sie die einzelnen Karten durch und sortieren:

- Welche Themen gehören innerhalb der Beziehung geklärt und bearbeitet?
- Welche der Themen sollten mit anderen Personen bearbeitet werden (zum Beispiel die eigentlich betroffenen Personen, Vorgesetzter, Mediator, Rechtsanwalt, Finanzberater, Arzt, Ernährungsberater, Coach).

Schritt 5: Erstellen Sie einen Plan einer realistischen Vorgehensweise, um die gesamte Konstellation inklusive der brisanten Themen konstruktiv anzusprechen und verbessern zu können.

Dieser Übungsaufbau eröffnet verschiedene Blickpunkte gleichzeitig:

- Er zeigt Ihnen die Gefühle und Themenbereiche auf, in denen Sie sich mit Ihrem Partner verbunden fühlen. Neben den Problemstellungen wird der Blick auch auf das Kraftvolle und Schöne der Beziehung gelenkt.
- Offene Themen und Streitpunkte werden klar definiert und übersichtlich plakatiert.
- Sie haben dabei nicht nur Ihren eigenen Blickpunkt im Fokus, sondern versetzen sich in das Lebensgefühl Ihres Partners. Allein diese Wahrnehmungsverschiebung weckt Verständnis und öffnet den Blick für neue Lösungsmöglichkeiten.
- Ineinander verstrickte Themen werden auseinanderdividiert und für sich allein betrachtet. Nacheinander wird überprüft, wer für die Lösung zuständig sowie

- kompetent erscheint und dementsprechend wird ein Maßnahmenkatalog entworfen.

Die nüchterne, facettenreiche Betrachtung schafft Klarheit. Emotionale und sachliche Themen werden voneinander getrennt – dadurch kann sich die Beziehung entlasten und schrittweise zu einer gesunden Basis finden.

Eindeutiges Sprechen und Auftreten sorgen für Klarheit

Die beiden in diesem Kapitel vorgestellten Übungen sind eine kostbare Unterstützung, um verzwickte Situationen aufzudröseln und nach und nach gegenseitiges Verständnis und Kompromissbereitschaft zu initiieren. Das Prinzip der Achtsamkeit, des Innehaltens, des aufmerksamen Zuhörens und des respektvollen Sprechens sind dabei Grundprinzipien der gelungenen Kommunikation.

Für die persönliche Resilienz ist es extrem wichtig, klar und souverän »in der Welt zu stehen« – und dabei spielt eine gute, angemessene Kommunikation eine wesentliche Rolle. Zum einen in positiven, harmonischen, entspannten Situationen, in denen das Zuhören und Reden uns von vornherein leichter fällt. Aber eben auch in schwierigeren Gesprächskontexten, wo es sich zum Beispiel um Abgrenzung dreht, um eindeutige Positionierung, Standfestigkeit und gleichzeitige Offenheit bei divergierenden Meinungen, um Verhandlungsgeschick und Zivilcourage.

Wie ich es schon erwähnt habe, fällt im Austausch unserer gesamten Körpersprache der Mimik eine besonders wichtige Rolle zu. Denn wir kommunizieren immer von Kopf bis Fuß – das heißt, mein Gegenüber hört meine gesprochenen Worte, gleicht diese aber in Millisekunden mit meiner Ausdrucksweise, meiner Wortwahl, meinem damit einhergehenden Gesichtsausdruck und der Erzählung meines Körpers ab. Unstimmigkeiten, so genannte Doppelbotschaften, werden dabei sofort verzeichnet und unterminieren den Inhalt meiner Aussage. Dieses Erleben können Sie bei sich selbst schnell kontrollieren. Steht eine Person vor Ihnen, die eine inhaltlich klare Aussage trifft, dabei aber nuschelt, einige »Ähhhs« einschiebt, den Kopf schräg legt und von einem Fuß zum anderen trippelt, werden Sie diese Ansage wahrscheinlich nicht allzu ernst nehmen. Treffen Sie allerdings auf eine

Literaturtipp: Zur weiteren Vertiefung dieses wichtigen Themas kann ich das Buch »Gewaltfreie Kommunikation« (2010) von Marshall B. Rosenberg empfehlen, in dem Sie hervorragende weiterführende Anregungen finden werden.

Person, die mit ruhiger, fester Körperpräsenz und mit klarer, gut verständlicher Stimme eindeutig ihre Botschaft formuliert, werden Sie aufmerken.

Dieses Grundprinzip der Kommunikation funktioniert zwischen allen Menschen, egal welche Sprache sie sprechen. Klarheit und Eindeutigkeit vermitteln sich zu großen Anteilen über Präsenz, Haltung, Atmung und Ausstrahlung – und dieser Kraft kann sich keiner entziehen. Tiere sind an dieser Stelle unbestechliche Spiegel, darum funktionieren auch Führungskräftetrainings mit Pferden besonders gut. Das Tier folgt nur einem vertrauenswürdigen Rudelführer – und das hat nichts mit dominantem, sondern mit angemessenem Auftreten zu tun.

An unserer Körpersprache können wir aktiv arbeiten – und zwar nicht nur um unsere Ausdruckskraft und unser authentisches Auftreten zu erweitern. In unserem Körper bilden sich alle abgespeicherten Muster und Prägungen ab, die unsere innere Grundhaltung ausmachen. Zur Loslösung beziehungsweise Umschreibung von eingeschliffenen Verhaltensweisen und Glaubenssätzen ist es äußerst unterstützend, nicht nur Gedanken und Gefühle, sondern gleichzeitig auch die physische Ebene in den Umstrukturierungsprozess zu inkludieren.

Jede Emotion und jede Gedankenbewegung finden ihren Niederschlag in der Körpersprache. Ist ein Mensch resigniert und eher im Rückzug, hängen oftmals seine Schultern, und er kann körperlich als auch energetisch regelrecht zusammensacken. Ist er dagegen verärgert und in der Verteidigungshaltung, drückt sich der Rücken durch, und die Muskeln stehen unter Hochspannung. Auch an dieser Stelle möchte ich Sie dazu anregen, aufmerksam in Ihren Organismus hineinzuhorchen und sich selbst feinsinnig zu studieren. Wie reagieren Sie auf körperlicher Ebene auf Stress und Belastung? Welche Muskeln spannen sich an? Und welche Haltungsveränderung ergibt sich dadurch? Was passiert dabei mit Ihrem Atem?

Viele Menschen spannen unter Stress Ihre Bauchdecke an – allein dadurch wird der Atem flach, und die Stimmlage verändert sich automatisch. Das Gehirn erreicht sofort weniger Sauerstoff, wodurch es in seiner Arbeit eingeschränkt wird. Diese kleine, eigentlich unspektakuläre Reaktionskette kann sich blitzschnell ereignen, sobald nur der Hauch eines Konflikts in der Luft liegt. Leider sind ihre Auswirkungen weitaus größer als wir denken, denn damit startet ein Gespräch schon unter ungünstigen Bedingungen. Ein Dialog, der unter Stress anfängt, wird einen komplett anderen Verlauf nehmen, als eine Unterhaltung, die offen und entspannt beginnt. Für diese verschiedenen Optionen können wir uns rüsten, indem wir uns präventiv, in möglichst stressfreier Umgebung, mit unserem Körper beschäftigen und unseren Organismus mit einer klaren, wach-entspannten Verfassung vertraut machen.

Übung: Der HASE

Einführung

Achten Sie im Körper auf

- **H** Haltung
- **A** Atmung
- **S** Spannung
- **E** Erdung

Ist der Körper angespannt, überträgt sich dieser Druck automatisch auf die Gedanken- und Gefühlswelt. Umgekehrt verläuft diese Reaktionskette in gleicher Art: Verengt sich durch Aufregung und Anspannung der Verstand, ziehen sich auch Körper und Gefühle zusammen. In diesem Moment verlieren Sie auf allen Ebenen an Überblick, Kraft und Ausstrahlung.

Das Wissen um diesen vorhersehbaren Mechanismus können Sie sich zunutze machen. Sobald in Ihrem Organismus Anspannung auftaucht, können Sie auf Körperebene gezielt gegensteuern. Durch ruhigen Atem und bewusste Lockerung beziehungsweise Entspannung der Muskulatur wirken Sie der Verkrampfung im Körper entgegen. Eine weitere große Hilfe ist die Vorstellung, fest auf dem Boden zu stehen und sich »Wurzeln« wachsen zu lassen. Sie bleiben auf dem Boden der Tatsachen und lassen sich von Ihren Gefühlen nicht wegtragen.

Physische Gelassenheit ist die Grundlage von klarem Denken, Reden und Handeln!

Ziel

Sie lernen, Ihren Körper differenziert wahrzunehmen und bewusst zu lenken. Sie gewinnen Verständnis für Ihre persönliche Art, auf Stress und Belastung zu reagieren. Sie identifizieren persönliche Stressmuster und können nachvollziehen, wie diese sich schrittweise aufbauen. Durch einfache Körperübungen beugen Sie diesen Symptomen im Vorfeld oder auch direkt unter Anspannung vor.

Übungsablauf

Der HASE schließt sich direkt an die Übung des Innehaltens an (s. S. 24 ff.). Sie haben schon geübt, in Ihrem Körper präsent und anwesend zu sein und auf bestimmte Körperregionen besonders zu achten.

Hier nochmals die Grundhaltung im Stehen: Die Füße stehen fest am Boden – Sie schenkt der Wirbelsäule die Möglichkeit, sich freitragend aufzurichten. Die Gesäßmuskulatur ist entspannt. Der Bauchraum gibt Platz zum freien Atmen. Der Brustraum weitet sich. Die Schultern und Arme hängen locker. Der Kopf sitzt mittig auf der Wirbelsäule auf.

Diese Grundposition können Sie durch alle Ihre verschiedenen Haltungspositionen hindurch verfolgen: beim Sitzen, Laufen, Liegen. Sie lässt sich auf den jeweiligen Bewegungsablauf übertragen.

Bemerken Sie, dass Sie in einer der Positionen Spannungen im Körper tragen, üben Sie sich darin, sie durch aktive Muskelentspannung und vertiefte Atmung aufzulösen. Sie erinnern sich immer wieder neu daran, die aufrechte, freitragende Haltung einzunehmen.

Milton Trager, ein wunderbarer Körpertherapeut, stellte seinen Patienten die Frage: »*Was fühlt sich leichter an, weiter, weicher ...?*«

Diese wache Gelassenheit können Sie oft am Tag hervorrufen, zu Anfang am besten in Situationen, in denen Sie keinen Stress verspüren. Je sicherer Sie die Technik beherrschen, desto besser können Sie sie auch unter Belastung anwenden. Während eines eskalierenden Gesprächsverlaufs können Sie durch Achtsamkeit die Spannung in Ihrem Körper regulieren. Diese aktive Modulation Ihres Erregungszustandes hat direkten Einfluss auf Ihre Ausstrahlung, Ihre Stimme, Ihre Mimik, Ihre Körperhaltung – und noch tiefer wirkend auf Ihre Gedanken und Gefühle. Achtsamkeit für die Spannung, Haltung, Atmung und Erdung zu generieren, ist ein weiterer Schritt, um sich insgesamt souverän steuern zu können. Diese Regulierung der Körpergrundhaltung hat starken Einfluss auf die gesamte Ausstrahlung, das Auftreten und das Charisma eines Menschen.

Der HASE entfaltet seine Wirkung durch ausdauerndes Training. Je öfter ein Mensch bewusst auf seine gegenwärtige Haltung Einfluss nimmt, umso stärker kann er auch auf seine Grundkörperhaltung einwirken. Zwischen Körper und Psyche herrscht eine direkte Wechselwirkung, die es zu verstehen und zu nutzen gilt.

SCHRITT 8:
Konsequente Ausrichtung auf Handlungs-spielräume

»Entspannen Sie sich. Das ist wahrscheinlich das Beste, was Sie zur Rettung der Welt beitragen können.«
Fred Luks, Ökonom und Nachhaltigkeits-experte

Nutzen Sie kreativ alle Chancen, die sich Ihnen bieten

Was für ein Typ sind Sie?

Haben Sie sich schon einmal darüber Gedanken gemacht, ob Sie eher ein Optimist oder ein Pessimist sind? Sehen Sie das berühmte Glas halb leer oder halb voll? Was für ein Film läuft in Ihnen ab, wenn Sie erfahren, dass sich Dinge verändern und neue Erfahrungen beziehungsweise unbekannte Herausforderungen auf Sie zukommen werden? Lassen Sie sich bei innovativen Projekten oder Unternehmungen eher bremsend und zweifelnd hinterherziehen oder schieben Sie beherzt mit an und sind freudig in der ersten Reihe mit dabei?

Früher waren diese Eigenschaften, eine Frohnatur oder ein Schwarzseher zu sein, eine unter vielen wichtigen Facetten einer gesamten Persönlichkeit. Sie fiel bei der Bewertung eines Teammitglieds nicht unbedingt entscheidend ins Gewicht. Man konnte sicher sein, dass eine Person, die Veränderungen gegenüber skeptisch eingestellt war, neue Pläne von Haus aus nochmals hinterfragen würde – was manches Mal durchaus von großem Nutzen ist, aber auch nicht immer. Heute schaut das Ganze anders aus. In einer Zeit des ständigen Wandels gewinnt dieses reaktiv wirkende Verhalten, Dinge positiv oder negativ zu betrachten, eine ganz andere Bedeutung. Wir alle, ob jung oder alt, müssen mittlerweile eine bewusste Einstellung zum Thema »Veränderung« finden und diese innere Haltung aktiv pflegen und weiterentwickeln. Es reicht nicht mehr aus, althergebrachte Überzeugungen wiederzukäuen und zu hoffen, mit den bekannten Strategien weiterhin durchzukommen.

In den meisten Organisationen und Teams, die bei mir um Resilienztrainings anfragen, laufen fortwährend Veränderungsprozesse ab. Viele Prozessketten überlappen sich dabei und zeigen weder einen klar definierten Anfang noch ein deutlich sichtbares Ende – alles ist ständig im Fluss. Abhängig von den Schwankungen der Finanz- und Wirtschaftswelt sowie von politischen Entscheidungen müssen Unternehmen extrem flexibel agieren können. Diese schnelle Anpassungsfähigkeit dependiert zum einen von dem Organisationsaufbau, den Strukturen und Prozessen. Zum anderen ist es aber gekoppelt an die Bereitschaft der betroffenen Mitarbeiter und Führungskräfte, sich auf neue Entwicklungen offen und kreativ einzulassen und sie kritisch-konstruktiv mitzugestalten. »Lebenslanges Lernen« ist heute kein hohles Schlagwort mehr, sondern wird tatsächlich rundherum von den unterschiedlichsten Personen jedweden Alters erwartet, wenn nicht gar vorausgesetzt.

An dieser Stelle prallen nun liebgewonnene Eigenarten und Gepflogenheiten und stark veränderte Lebensbedingungen frontal aufeinander. Durch das unglaubliche Wirtschaftswachstum und die Stabilität der letzten Jahrzehnte haben wir Deutschen – als ausgesprochene Wohlstandsbürger – eine gehörige Anspruchshaltung ausgebildet, wie die Dinge zu laufen haben. Dieses Bild wird im Moment kräftig durchgeschüttelt. Egal, mit welchem Gesellschaftsfeld ich es zu tun habe, ob Wirtschaft, Politik, Gesundheits- oder Bildungswesen – viele Menschen in den unterschiedlichsten Positionen werden dazu gezwungen, ihre bisherige Komfortzone zu verlassen und sich auf neues, nicht unbedingt vielversprechendes Terrain einzulassen. Diese Erfahrung ruft immense Unsicherheiten und Ängste, Widerstand, Zorn und Abwehrstrategien auf den Plan. Aber auch Offenheit, Neugierde, Ideenreichtum und Hingabe, sich einer neuen Lebensrealität zu stellen.

Jede Medaille hat zwei Seiten

Ich möchte Ihnen von einer Konstellation berichten, die ich zurzeit als klassisch erachte.

Kürzlich leitete ich einen Workshop für Mitarbeiter und Führungskräfte einer Firma, die mit einem anderen Unternehmen, ihrem bisherigen Wettbewerber, fusionierte. Der Personalchef warnte mich schon in einem Vorgespräch, dass sich die Stimmung der Belegschaft absolut im Keller befand. Leider hatte die Geschäftsführung über viele Monate hinweg ihre Entscheidungen schlecht kommuniziert. Die neuen Entwicklungsschritte entnahmen die Mitarbeiter häufiger der Tagespresse als einer firmeninternen Informationsveranstaltung. Eine solche fand eher zur Schadensbegrenzung, meist erst im Nachhinein, statt. Dieser Umstand trug nicht gerade zur Sicherheit und Beruhigung der Belegschaft bei. Die bisher gute, vertrauensvolle Unternehmenskultur, die im Laufe der Jahre gewachsen war, hatte sich innerhalb weniger Wochen verflüchtigt – im Moment herrschten Unsicherheit, Angst vor Arbeitsplatzverlust, Misstrauen, Enttäuschung und Wut vor. Die ersten offenen oder verdeckten Grabenkämpfe zeichneten sich schon ab.

Diese explosive Gefühlsmischung bekam auch ich deutlich zu spüren. Die langsam eintrudelnde Belegschaft verkrümelte sich im Seminarraum zunächst in den hinteren Stuhlreihen und hockte mit finsterer Miene und verschränkten Armen vor mir. Wahrscheinlich dachten sie, ich wäre von der Unternehmensleitung gerufen worden, um sie ordentlich »auf Spur zu bringen«. Davon abgesehen, dass ich so einen Auftrag nicht annehmen würde, war dem auch nicht so. Die Bitte der Personalabteilung war schlicht und ergreifend, dass ich mit den Mitarbeiten ins Gespräch kommen solle, um ihre Belastungen und Überforderungen abzufragen. Hieraus sollte gegebenenalls ein gezieltes Trainingsprogramm abgeleitet werden.

Ich startete mit einem Vortrag mit dem Titel: »Widerstandskraft und Flexibilität in Zeiten ständigen Wandels«, und berichtete ihnen unverblümt und möglichst praxisnah von all den Erfahrungen, die ich in den letzten Jahren mit mir selbst und im Austausch mit meinen Klienten sammeln konnte. Mit der Zeit weckte ich ihr Interesse am Thema, und es begann ein reger Austausch. Wie ich schon vermutet hatte, steckten viele von ihnen in einer finsteren Gedanken- und Emotionswolke fest. Sie fühlten sich von Anfang an unzureichend informiert, und das kränkte sie gewaltig. Sie berichteten davon, dass sie über viele Jahre dem Unternehmen treu und loyal gedient hätten und bisher intern immer ein reger, befruchtender Austausch zu wichtigen Entwicklungsschritten stattfand. Nun sei alles anders – sie fühlten sich außen vor, allein gelassen, verunsichert. Von der Vergangenheit abgesehen, schwante ihnen für die Zukunft nichts Gutes. Sie zählten ellenlang Nachteile auf, die sie durch die angekündigte Fusion und Umstrukturierung erwarten würden.

Am Ende ihrer Klagen thronte ein riesiger Berg ausschließlich negativer Aspekte auf dem Tisch. Interessanterweise sahen ihre Gesichter aber nun viel glücklicher aus. Ihre Stimmung hatte sich eindeutig aufgehellt, es hatte ihnen gut getan, einmal ordentlich Dampf abzulassen. Es war regelrecht unumgänglich gewesen, dass der ganze »Mist« , der ihr Denken, ihr Herz und ihre Seele die letzten Monate verstopft hatte, ein Ventil fand und sie sich alles von der Leber reden konnten. Ich fragte sie, ob sie diese Gespräche auch untereinander führen würden. Sie bestätigten mir dies und meinten, dass ihr Flurfunk auf Hochtouren glühen würde. Seit Wochen reproduzierten sie gemeinsam ihre schlechten Gefühle und redeten sich damit immer wieder in ein schwarzes Loch hinein. Dass sich manche von ihnen schon ganz niedergeschlagen und depressiv fühlten, war demzufolge kein Wunder.

Nachdem wir die negative Seite der Medaille hinreichend durchgekaut und bespiegelt hatten, bat ich sie nun ihren Blickpunkt auf die andere Seite des Geschehens zu lenken. Inwieweit könnten sie diesem Wandel in ihrer Arbeitswelt auch etwas Positives abgewinnen? Welche eigenen Handlungsspielräume könnten sie in diesem großen Spiel der Ungewissheiten für sich entdecken, die sie unabhängig von äußeren Einflüssen für sich selbst aktiv in die Hand nehmen könnten?

Mit dem folgenden Übungsformat machten sie sich an die Arbeit. Die einfache Fragestellung hilft Transparenz in unbewusste, eingefahrene Gedankengänge zu bringen.Oft bewirkt allein die Auseinandersetzung mit Denk- und Verhaltensweisen eine Veränderung der inneren Haltung.

Übung: Veränderbare und unveränderbare Welt

Einleitung

Studiert man Fragebögen von Unternehmen in Bezug auf Engagement und Loyalität ihrer Mitarbeiter, lässt sich oft ein direkter Zusammenhang herstellen: Mitarbeiter, die Vertrauen in ihre Person und Arbeitsleistung verspüren und denen Freiräume zu selbstverantwortlichem Agieren eingeräumt werden, fühlen sich in der Regel wohl und bringen sich kraftvoll sowie ideenreich an ihrem Arbeitsplatz ein. Mitarbeiter, denen der Raum zum Mitdenken und Mitgestalten eingeschränkt wird, schieben oftmals Dienst nach Vorschrift und bringen nur einen Teil ihrer Kapazitäten ins Unternehmen ein. Zudem gehören sie zu der für psychosoziale Erkrankungen höchst anfälligen Gruppe.

Das Gefühl der Selbstbestimmung trägt also ungemein zur Potenzialentfaltung, zum Wohlbefinden und zur Gesundheit bei. Wobei wir Menschen gut mit Einschränkungen und Unterordnungen zurechtkommen können. Neben den Bereichen der Fremdbestimmung brauchen wir zum Ausgleich aber auch klar definierte Felder, in denen wir frei denken und handeln können. In Extremsituationen verstehen wir es sogar, unseren Freiraum auf ein Minimum zu reduzieren. Manche Menschen müssen diesen Bereich, bedingt durch Krankheit oder Freiheitsentzug, sogar ganz in ihr Inneres verlegen.

Resiliente Personen haben eine besondere Begabung, Handlungsspielräume zu erkennen und aktiv zu besetzen. Sie klagen nicht lange über das, was nicht geht, sondern nutzen jegliche Möglichkeit, die sich ihnen bietet, das Beste aus Situationen herauszuholen. Bei Themen, auf die sie keinen Einfluss nehmen können, lassen sie innerlich los und verschwenden keine Energie mit nutzlosen Gedanken über das Für und Wider. Diese frei werdenden Kräfte aktivieren sie zielgenau dafür, um Geschehnisse, auf die sie einwirken können, kreativ zu gestalten.

Ziel

Diese Übung möchte Sie darin unterstützen, Klarheit zu schaffen über veränderbare und unveränderbare Themenfelder Ihres privaten und beruflichen Lebens. Da sich diese Bereiche immer wieder verschieben, ist diese Übung eine Blitzlichtaufnahme, die es regelmäßig auf den neuesten Stand zu bringen lohnt.

Material

Seile oder Klebebänder, Moderationskarten, Stifte und Papier.

Übungsablauf

Schritt 1: Legen Sie sich am Boden zwei Felder aus, und beschriften Sie diese mit »veränderbare Welt« und »unveränderbare Welt«. Schaffen Sie mit einem Bodenanker, einem beschrifteten Papier, das die Position des Zeugen symbolisiert, einen neutralen Platz.

Schritt 2: Betreten Sie nacheinander die beiden Erlebnisräume, beim Wechsel begeben Sie sich zwischendurch immer wieder auf den neutralen Platz. Spüren Sie in die beiden Felder hinein und achten Sie auf die Botschaften von Körper, Herz, Verstand und Seele.

Schritt 3: Beschriften Sie die Moderationskarten mit Themen, die Sie den jeweiligen Feldern zuordnen.

Schritt 4: Inspizieren Sie diese Einteilung aus der Zeugenperspektive. Wie betrachten Sie bisher das Thema »Handlungsspielräume«? Lässt sich Ihr Verhalten an diesem Punkt verbessern?
Durch welche Veränderungen in Ihrer inneren Haltung beziehungsweise in äußeren Verhaltensweisen können Sie in sich Entlastung und neue Ausrichtung erreichen?

Erweiterte Wahrnehmung schafft Freiräume

Die Gruppe widmete sich dieser Übung sehr offen und engagiert – in mehreren Kleingruppen wurde rege diskutiert.

Wie zu erwarten, erreichte die simple Fragestellung eine erste Freisetzung ihres fixierten Geistes. Neben all den schlechten Erfahrungen und dem Ungemach, das ihnen widerfuhr, eröffnete sich bei genauerer Betrachtung ein anderes, reicheres Bild. In vielen Kleinigkeiten ihres jetzigen und zu erwartenden Arbeitsalltags entdeckten sie Fenster des eigenen Gestaltungsspielraums, die sie bisher kaum nutzten. Natürlich unterlagen sie unbeeinflussbaren Faktoren, die ihnen einen bestimmten Korridor der persönlichen Entfaltung vorwiesen. In diesem von externen Umständen definierten Feld lagen allerdings für jeden Einzelnen und besonders auch für sie zusammen verschiedenste Möglichkeiten der Aktion sowie Interaktion verborgen. Zum einen in äußeren Abläufen und Vorgehensweisen, zum anderen aber in ihrer ureigensten Gesinnung und Ausrichtung, mit dem anstehenden Wandel in ihrem Leben umzugehen.

Nach und nach füllten sich die Flipcharts – und es wurde deutlich, dass die Spalte »veränderbare Welt« inhaltlich weit üppiger angefüllt war als die Seite der unveränderbaren Themen.

Nach dieser beeindruckenden Bestandsaufnahme ihrer verschiedenen Möglichkeiten, der als unausweichlich empfundenen Opferrolle zu entkommen, widmeten wir uns im nächsten Schritt einer noch wichtigeren Frage: »*Wenn Sie erkannt haben, welche Chancen sich Ihnen bieten, möchten Sie sie auch tatsächlich nutzen?*« Die bis dato gute Stimmung erfuhr schnell wieder einen Dämpfer. Ihre Kommentare schwangen zwischen Resignation, Selbstmitleid, Zynismus, gutem Humor und scharfsinniger Selbstkritik. Ja – mental würden sie nun einige offene Türen sehen. Aber – ehrlich gestanden – hatten sie gar keine Lust dazu, diese Freiräume zu nutzen, denn dann würden sie ja ihre Vorgesetzten komplett aus der Pflicht entlassen, ehrlich und anständig mit ihnen umzugehen. In ihrem Herz und ihrer Seele waren sie noch zu verletzt, als dass sie sich selbst und anderen eine Verbesserung der Situation zugestehen würden.

Ich freute mich sehr darüber, dass sie überhaupt dazu bereit waren, sich diese Verflechtung einzugestehen. Ich empfinde es als natürlich, wenn ein Mensch nicht zwanghaft oder auf die Schnelle eine Versöhnung mit sich und anderen anstreben möchte oder kann. Ehrliches Hinschauen ist an sich schon eine große Leistung, die zunächst Respekt und Innehalten verdient. So lud ich sie ein, ihre Situation mit all den unterschiedlichen Impressionen nur zu betrachten und offen zu »bezeugen«. Alle Gefühle, Gedanken und Empfindungen sind willkommen, genau so, wie sie sind. Nichts muss passieren, außer das wertfreie Schauen auf das, was ist. Aus dieser stillen Klarheit meldet sich zumeist die innerste Stimme eines Menschen in Form eines authentischen Impulses. Die Person spürt, wohin es sie zieht und wie ihr nächster Schritt ausschauen könnte, den sie tatsächlich mit Kraft und Überzeugung ausfüllen möchte.

Wir ließen uns an dieser Stelle des Trainings viel Zeit – und plötzlich kam wieder Fahrt in die Mannschaft. Innerhalb der Gruppierung zeigten sich die unterschiedlichsten Wünsche. Manche hatten das Gefühl, erst einmal eine angemessene Form des Abschieds und des »Trauerns« zu finden, da für sie eine gute, wertvolle Zeit zu Ende ging. Andere spürten in sich den Drang, ihre neuen Arbeitskollegen kennenzulernen – damit ihre Zukunft ein konkretes Gesicht bekam und nicht nur von ihren eigenen, unkonkreten Vorstellungen gespeist wurde. Eine Person fühlte sich berufen, in einem passenden Moment mit der Geschäftsführung das Gespräch zu suchen, um ihr nahezubringen, wie sich die Belegschaft im Moment fühlte. Dieser Beitrag gab dem Austausch noch einmal eine neue, interessante Wendung. Gemeinsam spielten wir die Übung »Blickpunktwechsel« (s. S. 93 f.) durch und versuchten miteinander, in die Haut der Unternehmensleitung hineinzuschlüpfen. Wir ahnten, dass es ihnen im Moment auch nicht besonders gut ging, da sie das Unternehmensschiff durch einen unbekannt hohen Wellengang steuern mussten, ohne darin große Erfahrung zu besitzen. Verständnis blitzte auf, dass ihre misslungene Kommunikationsstrategie eher einer Verkettung komplexer Umstände geschuldet war als einer bösen Absicht. Je weiter wir in unserer fast spielerischen Untersuchung fortschritten, umso entspannter und befreiter wirkten die Teilnehmer auf mich. Zum Abschluss des Tages fassten wir alle Erkenntnisse zusammen, und ich bat sie, für sich selbst und auch gemeinsam konkrete, praxistaugliche Maßnahmen abzuleiten.

Nun ist der Zeitpunkt gekommen, weitschweifende Gedanken und Gefühle in direkte, verbindliche Absprachen zu bringen.Die nächste Übung eignet sich hervorragend dafür.

Übung: Ich gehe in die Verantwortung

Einführung

Tragfähige Erkenntnisse sind der erste Schritt zu einer fundierten Veränderung. Dann aber braucht es Selbstverantwortung und unbedingte Konsequenz, um das tägliche Leben mit all den eingeschliffenen Denk-, Fühl- und Handlungsweisen tatsächlich umzukrempeln. Der Vorteil an einem Gruppenprozess ist, dass die Weiterentwicklung nicht nur von einer Person angestrebt, sondern im besten Fall von der ganzen Truppe mitgetragen wird. Gemeinsame Entscheidungen schaffen Verbindlichkeit – auf dieses Pfund setze ich in der Gruppenarbeit, da sich das Verhalten des Einzelnen mit dem der anderen verknüpft. Zu einem gewissen Anteil hängt seine Fortentwicklung an dem Voranschreiten der anderen – und umgekehrt. Alle sitzen im gleichen Boot und können sich zu Konsequenz und Beharrlichkeit gegenseitig animieren ... oder den gemeinsamen Schlendrian fördern. Mit dieser und der nächsten Übung wird die Klarheit und Verbindlichkeit der Einzelperson und der ganzen Gruppe herausgefiltert und dokumentiert.

Ziel

Anstehende Verbesserungen werden klar definiert. Jeder Einzelne geht aktiv in die Eigenverantwortung und benennt verbesserungswürdige Themen in seinem Handlungsspielraum. Gleichzeitig bittet er um Unterstützung von seinen Kollegen, Vorgesetzten und gegebenenfalls der Geschäftsführung. Innerhalb einer Gruppe fördert diese Übung die Klärung und das gegenseitige Verständnis.

Material
Pinnwände, Flipcharts, Stifte.

Möglichkeiten zur Kleingruppenarbeit
Jedes Teammitglied führt Schritt 1 alleine durch, danach werden die Ergebnisse der gesamten Gruppe vorgetragen.

Übungsablauf
Schritt 1: Jedes Gruppenmitglied geht an einem eigenen Flipchart folgenden Fragen nach:

- Was möchte ich in meinem Arbeitsalltag verbessern? Welche Themen knöpfe ich mir gezielt und verbindlich vor?
- Wie kann ich meine eigene Resilienz erhöhen?
- Welche Unterstützung brauche ich dabei von
    - meinem Kollegen?
    - meiner Führungskraft?
    - der Geschäftsführung?

Schritt 2: Alle beschriebenen Flipchartblätter werden an den Pinnwänden im Raum aufgehängt. Die Teilnehmer gehen rundherum und lesen gegenseitig ihre Blätter.

Schritt 3: Die Teilnehmer treten nacheinander vor die Gruppe und berichten von ihrer Selbsteinschätzung, ihren Zielen, Anliegen und Wünschen. Die Gruppe liefert offenes Feedback. Die Punkte, in denen der Teilnehmer um Unterstützung bittet, werden mit den angesprochenen Personen erörtert.

Schritt 4: Maßnahmen werden verbindlich notiert und mit einem Zeit-, Kontroll- und Kommunikationsplan versehen.

Sind für die Einzelperson alle Vorgehensweisen geklärt, kann die Übung in gleicher Art für das ganze Team realisiert werden.

Übung: Wir gehen in die Verantwortung

Einführung
Mit diesem Übungsformat kann sich die Mannschaft nochmals eng zusammenschließen. Alle internen Fragen, Probleme, Verantwortlichkeiten, Zuständigkeiten, Belastungen und Ressourcen, Ziele und Visionen können dabei berücksichtigt werden.

Ziel
Überprüfung der gemeinsamen Resilienz und Ideensammlung für Weiterentwicklungen.

Material
Flipchart, Stifte.

Möglichkeiten zur Kleingruppenarbeit
Die Teilnehmer setzen sich in Kleingruppen zusammen und treffen sich zum Austausch in der großen Runde.

Übungsablauf
Schritt 1: Die Kleingruppen verfolgen am Flipchart folgende Fragen:
- Wie wirken wir
  - auf unseren Kunden?
  - auf die Kollegen anderer Abteilungen, mit denen wir eng zusammenarbeiten?
  - auf unsere Führungskraft?
  - auf unsere Geschäftsführung?
- In welcher Form vermitteln wir Resilienz?

Schritt 2: Was können und wollen wir tun, um unsere Außenwirkung anzuheben?

Schritt 3: Wie können wir unsere Teamresilienz nach innen hin verbessern?

Schritt 4: Wie können wir andere in ihrer Resilienz unterstützen?

Schritt 5: Sobald das Team durch Analyse und klärende Gespräche genau herauskristallisiert hat, welche Verhaltensweisen es verändern beziehungsweise neu einführen möchte, wird ein verbindlicher Maßnahmenkatalog formuliert.

Diese spannenden Fragen können natürlich auch von einer Einzelperson auf einem Schreibbrett alleine bearbeitet werden.

Nutzen Sie kreativ alle Chancen

Über den eigenen Schatten springen

Weiterentwicklung und Lernbereitschaft – allein diese zwei Wörter tragen jede Menge Zündstoff in sich. Wir alle wissen von uns selbst gut genug, wie mühsam es ist, der liebgewonnenen Komfortzone zu entrinnen und gänzlich neue Wege einzuschlagen. Selbst wenn im alten Lebensgefüge vieles nicht stimmt und uns das Hamsterrad schon lange auf die Nerven geht, braucht es oftmals einen Kick von außen, damit wir über unseren Schatten springen. Je höher der innere und äußere Druck steigt, umso eher setzen wir uns in Bewegung, überwinden unsere Ängste und probieren neue, ungewohnte Lösungsansätze.

So drängt sich die Frage auf, ob Veränderungen mit einhergehender Belastung nicht auch sehr gute Auswirkungen mit sich führen können, da sie uns zwingen, uns viel genauer mit uns selbst zu beschäftigen. Stressreaktionen sind dabei aus neurobiologischer Sicht interessant zu bewerten:

Literaturtipp: Gerald Hüther: Biologie der Angst, 2012

»Alles um uns, was lebendig ist und in seiner Harmonie gestört wird, versucht mit allem ihm zur Verfügung stehenden Mitteln, die verlorengegangene Harmonie wiederzufinden, zunächst die alte, und wenn das nicht geht, eben eine neue [...] Eine Zelle kann sich nur verändern, indem sie die Art des Zusammenwirkens ihrer Teile verändert. Wir können uns nur verändern, indem wir die Art des Zusammenwirkens derjenigen Zellen verändern, die unser Verhalten bestimmen. Und eine Gesellschaft kann sich nur verändern, wenn sich diejenigen verändern, die diese Gesellschaft so machen, wie sie ist.

Wir haben die Stressreaktion nicht deshalb, damit wir krank werden, sondern damit wir uns ändern können. Krank werden wir erst dann, wenn wir die Chancen, die sie uns bietet, nicht nutzen. Wenn wir die Herausforderungen, die das Leben bietet, vermeiden, ebenso, wie wenn wir immer nur ganz bestimmte Herausforderungen suchen [...] Wenn wir uns weigern, diese Angst (vor Veränderung) zuzulassen und unsere Ohnmacht einzugestehen, ebenso, wie wenn wir unfähig sind, nach neuen Wegen zu suchen, um sie überwindbar zu machen. Auch das gilt für jeden Einzelnen ebenso wie für Gemeinschaften oder Gesellschaften, die sie alle zusammen bilden.«
(Hüther 2012, S. 110/113)

Wir sollten uns für zukünftige Stürme rüsten

Die zunehmenden Turbulenzen der letzten Jahre auf wirtschaftlicher, politischer und ökologischer Ebene werden künftig keine singulären Ereignisse bleiben, sondern in immer schneller werdender Folge auftreten. Die vielfältigen Themen der Globalisierung, die Herausforderungen der Energie- und Umweltpolitik, drohende Staatsbankrotte oder andere Finanzdebakel – all das und noch viel gravierendere Probleme wie Naturkatastrophen, kriegerische Auseinandersetzungen oder Terrorismus – verlangen von uns Erdenbürgern eine immer stärkere Konfliktlösefähigkeit. Wir müssen so schnell wie möglich einen neuen Umgang mit komplexen Zusammenhängen und den daraus resultierenden Chancen und Schwierigkeiten erlernen.

Veränderungsbereitschaft und Komplexitätsmanagement antizipiert eine extrem hohe Lernbereitschaft und eine geschärfte Aufmerksamkeit. Auf Erfahrungen aufbauen und routiniert handeln, das sind Fähigkeiten, die in alltäglichen Bereichen wertgeschätzt werden. Aber in Ausnahmesituationen sind ganz andere Qualitäten gefragt. Wenn wir mit einem noch nie da gewesenen Ereignis konfrontiert werden, können vertraute Denkmuster blind machen und fatale Folgen auslösen. Für eine Einschätzung präzedenzloser Ereignisse sind Erfahrungen eher irreführend. Es verlangt Selbstvertrauen, Forschergeist und Sensibilität, um mit neuen Lebenskonstellationen konstruktiv umzugehen.

Betrachten wir das Thema Resilienz in einem größeren Kontext: Es gibt Länder, in denen Naturkatastrophen quasi zum Alltag gehören. An dieser Stelle können wir von anderen Gesellschaften lernen, die es verstanden haben, aus schicksalhaften Krisen und Katastrophen gestärkt hervorzugehen. Besonders die arme Bevölkerung versteht es, sich nach existenziellen Verlusten zu reorganisieren und zerstörte Gebiete nicht einfach aufzugeben. Diese sogenannten Resilienzgemeinschaften zeichnen sich durch eine hohe Eigenverantwortung und Selbstorganisation aus. Informelle und formelle Selbst- und Nachbarschaftshilfe etablieren sich in der Art von wechselseitiger Hilfe. Diese Menschen sind gewohnt, nicht zuerst auf Hilfe von außen zu warten, sondern all ihre eigenen Kräfte zu mobilisieren, um eine Verbesserung der Situation schnellstmöglich herbeizuführen.

Vertrauen in die eigene Kraft – Vertrauen ins Leben

Wer es schafft, sich durch nichts entmutigen zu lassen, Widrigkeiten und Rückschläge wegzustecken, auch unter schwierigsten Bedingungen Format und innere Haltung zu zeigen und in scheinbar hoffnungslosen Situationen einen Ausweg zu finden – dieser Mensch ist lebenstüchtig und innovativ. Er wird weder auf Vorgesetzte, Institutionen oder auf Obrigkeiten schauen, mit der Anspruchshaltung: Meine Probleme müssen von anderen gelöst werden! Nein, er wird Schwierigkeiten selbst anpacken und es immer wieder schaffen, gewohnte Pfade des Denkens, Fühlens und Handelns zu verlassen. Sein eigenes Bewusstsein, sein Reflexionsvermögen und seine Adaptionsfähigkeit sind ihm genügend Nährboden, um sich immer wieder neue Ressourcen zu erschließen. Seine guten Einfälle und seine Intuition werden ihn erfolgreich und glücklich machen. Für diese innere Haltung lohnt es sich zu kämpfen und sie sich Schritt für Schritt anzueignen.

Resilienz ruft dazu auf, in Bewegung zu bleiben, mit Veränderungen mitzugehen, Vertrauen in den Lebensfluss und in die Schöpferkraft zu entwickeln, mit sich selbst in Verbindung zu stehen und mit anderen Menschen Netzwerke zu bilden – die Chancen des Lebens zu erkennen und bloß nicht den Kopf in den Sand zu stecken. All diese Eigenschaften zielen in Richtung Lebensweisheit und finden sich in den Religionen und Philosophieschulen unserer Weltgeschichte geschildert. So bietet die heutige Zeit uns allen eine gewaltige Chance, um in eine neue, höhere Qualität unseres Menschseins zu springen.

SCHRITT 9:
Halt im Netzwerk

»Lasst uns dankbar sein gegenüber Menschen, die uns
glücklich machen. Sie sind liebenswerte Gärtner, die unsere
Seele zum Blühen bringen.«
Marcel Proust

Pflegen Sie tragende Beziehungen

Günstige Voraussetzungen schaffen

Ich fasse nochmals zusammen: Um kraftvoll ins Handeln zu kommen, können Sie günstige Voraussetzungen schaffen, indem Sie Folgendes beachten:

- Sie brauchen zunächst eine profunde, sorgfältige Standortbestimmung, um Symptome von Ursachen zu unterscheiden.
- Wichtig ist die realistische Einschätzung von veränderbarer und unveränderbarer Welt, um sich auf die beeinflussbaren Themenfelder konzentrieren zu können.
- Sie benötigen ein klar definiertes, sinnvolles, attraktives Ziel, mit dem Sie sich identifizieren können – es kann durchaus herausfordernd sein, darf aber keine Angst bereiten.
- Zentral ist auch das Verständnis über die eigenen Muster, Prägungen, Ängste und Glaubenssätze, die einen daran hindern können, dieses Herzensanliegen real werden zu lassen.
- Eine balancierte, ausgeruhte Tagesform, die es erlaubt, ohne Stresshormone im Blut dem Anliegen nachzugehen, ist sehr hilfreich.
- Sie brauchen kleine, realistische Teilschritte, die auf menschlicher und sachlicher Ebene gewährleisten, dass das Ziel erreicht werden kann.
- Wichtig ist Präsenz und Achtsamkeit, mit denen Sie sich ständig auf die Finger schauen und Kursabweichungen liebevoll korrigieren können.
- Freude und Wertschätzung für kleine Erfolge geben Kraft zum Weitergehen.
- Gut sind Sparringspartner, die Sie in Ihrem Entwicklungsprozess begleiten, die Sie mit Verständnis und Wertschätzung unterstützen und gegebenenfalls auch Grenzen aufzeigen.

In dem nun folgenden Trainingsschritt richtet sich der Fokus im Besonderen auf dieses umgebende Netzwerk, mit dem Sie in unterschiedlichen Beziehungskonstellationen verwoben sind.

Umgebende Ressourcen

Wie ich es in der Einführung erwähnte, streichen Resilienzstudien immer wieder drei Haupteinflussfaktoren heraus:

- angeborene Eigenschaften des Individuums
- Fähigkeiten, die der Einzelne in Interaktion mit seiner Umwelt erwirbt
- umgebungsbezogene Faktoren

Innere Widerstandskraft, Innovationsfreude, Flexibilität bei gleichzeitiger Standfestigkeit, Gelassenheit und Souveränität lassen sich kraftvoll fördern, wenn man auf verschiedenen Ebenen gleichzeitig ansetzt: bei der Beziehung zu sich selbst, beim Kontakt zu anderen Menschen und bei der aktiven Gestaltung der umgebenden Einflussfaktoren.

Mit der Verbindung zu sich selbst und der daraus resultierenden, bewussten Gestaltung der täglichen Lebensumstände haben wir uns in den vorhergehenden Kapiteln ausführlich beschäftigt. Die dritte Einflussgröße, die Verbundenheit und der unterstützende Austausch mit anderen Menschen haben wir dabei ständig berührt. Nun gilt es, sie noch gezielt in das persönliche Achtsamkeitsfeld zu integrieren.

Bei der aktiven Resilienzförderung ist gerade die Unterstützung von anderen und das Gefühl, nicht alleine dazustehen, sondern im Verbund zu fliegen, nicht zu unterschätzen. Hierzu gibt es eine berührende Studie, die sich ebenfalls im Buch »Biologie der Angst« von Gerald Hüther befindet:

»Die Forscher hatten sich ein ganz einfaches Experiment ausgedacht, um ein neues Präparat zu testen, das gegen Angst und Stress helfen sollte. Dazu wurde ein Affe in einen Käfig gesetzt, anschließend holte man einen Hund herein, der nun knurrend um den Käfig herumlief. Natürlich hatte der Affe Angst und die Stresshormonspiegel in seinem Blut schnellten in die Höhe. Dann holte man einen zweiten Affen, gab dem das Testpräparat, setzte ihn zu dem anderen, ließ wieder den Hund um den Käfig rennen, und der Affe, der das Präparat bekommen hatte, zeigte keinerlei Stressreaktion. Die Pille wirkt also, dachten die Forscher, aber nur bis sie auch den Stresshormonspiegel desjenigen Affen anschauten, der zuerst im Käfig gesessen hatte und keine Beruhigungspille bekommen hatte. Bei dem war nämlich auch keine Stressreaktion mehr messbar.

Sie nahmen den zweiten Affen wieder heraus, holten den Hund, und die Stressreaktion war wieder da. Sie warteten einen Tag und machten das Ganze noch einmal. Diesmal bekam der zweite Affe keine Beruhigungspillen. Alles verlief wie am ersten Tag. Sah einer der beiden Affen alleine sitzend den Hund, so stiegen seine Stresshormone mächtig an. Saßen die beiden Affen gemeinsam im Käfig, so konnte der Hund draußen knurren, so viel er wollte, sie hatten keine Angst mehr [...] Damit hatten die Forscher nun wirklich nicht gerechnet. Sie hatten nun endlich das wichtigste und effektivste Gegenmittel gegen Angst und Stress bei allen sozial organisierten Säugetieren, und damit ganz besonders bei uns Menschen, gefunden [...] Bei uns Menschen muss, anders als bei Affen, der Freund oder die Freundin nicht unbedingt neben uns sitzen, um uns die Angst zu nehmen. Uns reicht es schon, wenn wir wissen, dass ein Freund oder eine Freundin, eine Mutter, ein Großvater, einfach irgend jemand, der uns nahe ist, existiert, an uns denkt und alles, was in seiner Macht steht, auch tun wird, um uns zu helfen.«

Wie beziehungsfreudig sind Sie?

In Beziehung zu sein ist für uns Menschen ein Grundbedürfnis wie Essen, Schlafen und Trinken. Neben den ganz basalen Erfordernissen unserer physischen Ebene, die uns im ersten Lebensjahrzehnt nur durch unsere Eltern oder andere Erwachsene erfüllt werden können, rufen Herz, Verstand und Seele nach einfühlsamer Zuwendung und facettenreichem Austausch. Nur durch Interaktion mit anderen können sie sich erleben und entwickeln. Natürlich spielen bei der Entwicklung unserer Beziehungsfähigkeit die ersten Erfahrungen eine große Rolle, ob wir uns im Laufe unseres Lebens natürlich und vertrauensvoll anderen Menschen zuwenden können. Ein Kind, das in seinem Umfeld liebevoller Zuneigung und wacher Aufmerksamkeit begegnet und im Kontakt mit anderen die Mehrzahl seiner (natürlichen) Wünsche und Bedürfnisse erfüllt bekommt, speichert Beziehung als etwas Positives, Freudiges, Gewinnbringendes ab. Genauso wie seinen Anliegen entsprochen wird, kann es sich auch auf die Wünsche von anderen einlassen.

Macht ein kleines Wesen von Anfang an die gegenteilige Erfahrung, erwächst Misstrauen in ihm, inwieweit es sich auf andere Menschen einlassen kann. Schnell sprießen Schutzmauern und Herz sowie Seele verschanzen sich mithilfe immer ausgefeilteren Ersatzstrategien, um über die schmerzenden Abweisungen, die unbefriedigten Bedürfnisse und das Gefühl der Einsamkeit Brücken zu schlagen. Wie gut, dass uns die Evolution mit immenser seelischer Widerstandskraft ausgerüstet hat, denn viele, viele Babys, Kinder und Jugendliche würden sonst überhaupt nicht überleben können.

Wir alle haben in unserer Kindheit prägende Erfahrungen mit Nähe und Distanz verzeichnet und dementsprechend einen Anpassungsprozess unterschiedlicher Größe durchlaufen. Durch die vielen Lebensgeschichten, die ich schon erfahren durfte, fiel mir auf, dass es nicht unbedingt ausschlaggebend ist, was ein Mensch erlebt hat, sondern, wie er es verarbeitet. Jedes Baby kommt tatsächlich mit einer persönlichen, ursprünglichen Grundkraft zur Welt, die es befähigt, mit Irritationen und Entbehrungen besser oder schlechter umzugehen. Das eine Kind bleibt, trotz widriger Umstände, seinen Mitmenschen relativ offen und ohne Verteidigungsverhalten gegenüber. Ein anderes zieht einen dicken Schutzwall um sich, mit dem es zwischen sich und seine mögliche Angreifer Abstand halten kann. Der Vorteil dieses Mechanismus ist, dass sich unser sensibler Wesenskern vor zunehmender Überforderung, Erschütterung oder gar massiver Verwundung schützen kann. Enttäuschungen und Verletzungen werden durch diese Abwehr- beziehungsweise Verdrängungsmechanismen als weniger schmerzhaft empfunden und zunächst kompensiert. Der Nachteil daran ist, dass auch die schönen Dinge des Lebens wie Freude, Wärme, Berührung, Lob und Zuwendung nur in stark abgeschwächter Form das Innere erreichen können.

Übertragungen am laufenden Band

Wenn wir als junge Menschen ins Leben und in die ersten Liebesbeziehungen hinausstürmen, sind uns all diese Zusammenhänge noch nicht bewusst. Erst im Abrieb mit anderen und durch viele sowohl schöne als auch kummervolle Erfahrungen im Privat- und im Berufsleben wird uns klar, dass die Qualität unserer Beziehungen eng mit unserer eigenen Beziehungsfähigkeit zusammenhängt. Denn leider hat die Evolution in unserem Organismus noch keine »automatische Löschfunktion« für überalterte Schutzfunktionen installiert. Das Beziehungsverhalten, das wir zunächst zur Erhaltung unserer seelischen Gesundheit eingebaut haben, kann im weiteren Verlauf unseres Lebens sich eher hinderlich zwischen uns und andere Menschen schieben. Dies nimmt natürlich immensen Einfluss darauf, inwieweit wir tragende Netzwerke errichten und in glücklichen wie schwierigen Situationen auf diese menschlichen Ressourcen zurückgreifen können.

Die meisten Resilienztrainings biete ich in der Form von zweimal zweieinhalb Tagen an. Im ersten Modul konzentrieren sich die Teilnehmer ganz und gar auf die Beziehung zu sich selbst und ihre Fähigkeit, sich ihr Leben durch Reflexion und Achtsamkeit erfüllend gestalten zu können. Im zweiten Seminar widmen wir uns dann der Beziehung zu anderen und prüfen dabei die unterschiedlichen Begegnungsformen im Privat- und Berufsleben auf ihre Qualität und Konsistenz. Dieser Verlauf erinnert mich an eine ganz bodenständige Tätigkeit beim Kochen: das Zwiebelschälen. Zunächst wird die robuste Außenhaut abgezogen, um den Blick auf die feinere Innenwelt freizulegen. Übung für Übung trägt der Klient nun Schale für Schale ab. Oftmals untersucht er dabei ähnliche, sich überschneidende oder sich gegenseitig bedingende Themen, und doch gewinnt er durch die nuancierte Verschiebung des Blickpunkts neue Erkenntnisse.

Gleich einer Spiralbewegung dreht er sich mehr und mehr nach innen und hinterfragt Zusammenhänge. Je tiefer er vordringt, umso intensivere Gefühle können sich offenbaren. Ähnlich wie am Küchenbrett fließen irgendwann auch einmal die Tränen, und lang zurückgehaltene Seelennöte brechen sich ihre Bahn. In einem wertschätzenden, stabilen, geschützten Rahmen ist für viele Menschen der rechte Zeitpunkt gekommen, um bedrückende Erinnerungen ans Licht zu heben und sie sich von der Seele zu reden. Dabei geht es weniger um einen intellektuellen als um einen emotionalen Prozess. Sobald Gefühle nicht mehr zurückgehalten werden, sondern in Fluss kommen und sich zeigen dürfen, werden gebundene Energien freigesetzt. Emotionen sind pure Lebensenergie, und je kontrollierter wir sie in uns festhalten und beschneiden, umso eingeschränkter erleben wir uns in unserer natürlichen Vitalität und Lebendigkeit.

Es ist immer wieder ein neues, wunderbares Erlebnis, wenn ein Mensch den Mut aufbringt, sich verdrängten Themen zu stellen und in den Prozess der Aufarbeitung eintritt. Die klärende Analyse hilft, an rechter Stelle innezuhalten und genauer hinzuschauen beziehungsweise hinzufühlen. Können sich dabei Herz und Seele entlasten, erfährt der Klient einen regelrechten Befreiungsschlag, und längst verlorene Kräfte fließen ihm wieder zu. Infolgedessen fällt ihm die klare Ausrichtung und konsequente Umsetzung viel leichter als gedacht. Heilung und Versöhnung lassen unbeschwerter durch das Leben wandern – und das sieht man dieser Person regelrecht an. Lebensenergie verheizt sich nicht länger durch alte Belastungen, sondern kann produktiv im Hier und Heute initialisiert werden.

Im Grunde seines Herzens wünscht sich jeder Mensch, die direkten Beziehungen zu Eltern, Partnern, Kindern und engen Freunden so weit zu klären, dass möglichst viel Liebe, Nähe und Freundschaft gegenseitig hin- und herfließen können. Oft dauert es Jahre, manchmal sogar Jahrzehnte, bis sich ineinander verkeilte Gefühle ordnen lassen und Frieden und Ruhe einkehren. Offene, geklärte Beziehungskanäle sind für eine nachhaltige Selbstbalance und die persönliche Souveränität ein ungemein starker Katalysator. Selbst wenn es zwischen Angehörigen zu keiner verständigen Annäherung mehr kommen kann, fühlt sich ein bearbeiteter, klar definierter Konflikt anders an, als einer, der nur unter den Teppich gekehrt wird und dort sein Eigenleben führt. Er kann als nicht zu unterschätzende latente Stolperfalle wirken und macht sich meistens dann bemerkbar, wenn ihn keiner brauchen kann. Aber auch weiter entfernte Beziehungen im großen Netzwerk des Lebens gilt es immer wieder, unter die Lupe zu nehmen und auf ihre Tauglichkeit hin zu überprüfen.

Übung: Netzwerkdiagramm

Einleitung

Jeder Mensch baut sich im Laufe seines Lebens ein soziales Netzwerk auf, das sich aus privaten und beruflichen Kontakten bündelt. Es speist sich aus der Familie, aus alten und neuen Freunden, aus Bekannten, aus beruflichen Kontakten und vielem mehr. Innerhalb dieses Netzes gibt es Beziehungen, die stark ausgeprägt oder eng verwachsen sind. Sie konnten sich über viele Jahre festigen. Andere dagegen sind eher lose Begegnungen, die keinerlei Verbindlichkeiten in sich tragen. Keine Beziehung gleicht der anderen – und alle wollen auf ihre Art und Weise gehegt und erhalten sein.

In der heutigen Arbeitswelt, in der Zeit so ein kostbares Gut geworden ist, haben viele Menschen kaum mehr die Muße, sich Freundschaften bewusst zu widmen. Soziale Kontakte bröckeln vor sich hin. Oft erinnert man sich erst an die »Freunde«, wenn einen der Notstand trifft. Ein typisches Beispiel hierfür ist die Situation der Kündigung. In so einer misslichen Lage wird oftmals das persönliche Netzwerk aktiviert, um wertvolle Kontakte zu erneuern. In diesem Moment wird deutlich, wie viel Unterstützung und Kreativität in solchen Verbindungen liegen kann – oder auch nicht. Wer sein Netzwerk wie einen großen Garten versteht, den er ständig im Auge behält und dem er regelmäßig die nötige Hege und Pflege angedeihen lässt, der kann sich auf dieses tragende Geflecht verlassen. Diese Übung führt das individuelle Beziehungsgeflecht plastisch vor Augen.

Ziel

Sie beschäftigen sich mit dem Anlass, den Inhalten und der Qualität Ihrer einzelnen Beziehungen. Die Übung kann für die Untersuchung des beruflichen Kontextes, aber auch des privaten Umfelds genutzt werden. Durch die Gesamtschau kann die Auswahl Ihrer Kontakte und Ihre Beziehungsgestaltung auf eine bestimmte Rollenpräferenz überprüft werden.

Material

Stifte, Papier, Moderationskarten, Seile, Klebebänder.

Übungsablauf

Schritt 1: Sie werden nun Ihr gesamtes privates und berufliches Beziehungsgeflecht in einem Schaubild illustrieren. Tragen Sie auf einem Blatt Papier alle Menschen oder Personengruppen zusammen, die in Ihrem Leben eine Bedeutung haben. Bezeichnen Sie den Anlass und den Inhalt der Begegnung.
Übertragen Sie diese Namen jeweils auf eine Moderationskarte, und finden Sie ein Symbol für die Qualität dieser Beziehung: Erfreut oder belastet Sie der Mensch, erfahren Sie Glück oder Kummer mit ihm, Stress oder Entspannung, Resignation oder Unterstützung?
Für sich selbst richten Sie ebenfalls eine Moderationskarte ein.

Schritt 2: Platzieren Sie nun alle Karten als Spiegel Ihrer gefühlten Beziehungsqualitäten auf dem Boden. Als Erstes legen Sie Ihre eigene Karte in die Mitte – als Nächstes gruppieren Sie die einzelnen Personen um sich herum, ganz nach der wahrgenommenen Nähe beziehungsweise Ferne, die sich in Ihrer Begegnung ausdrückt. Befinden sich alle Karten auf dem Boden, nehmen Sie die Seile und Klebebänder, um die Intensität der einzelnen Verbindungen bildlich darzustellen. Fühlen Sie sich mit einer Person eng und fest verbunden, können Sie dieses Gefühl mithilfe der Materialien nachbilden. Genau das Gleiche gilt natürlich auch für weniger starke Beziehungen (Netzwerkdiagramm s. gegenüberliegende Seite).

Schritt 3: Sobald Sie Ihr Beziehungsdiagramm vollendet haben, können Sie die Darstellung mit ein wenig Abstand auf sich wirken lassen. Achten Sie dabei auf die direkten, authentischen Impulse Ihres Körpers, der Gefühle, des Verstandes und der Seele. Nach der Außenbetrachtung können Sie sich auch mitten in das Diagramm hineinstellen und nun diesen Eindruck auf sich eindringen lassen.

Netzwerkdiagramm

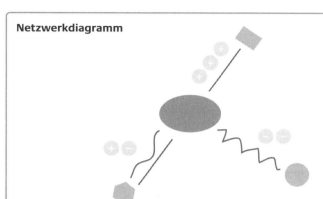

Schritt 4: Begutachten Sie die einzelnen Beziehungen im Überblick. An welchen Stellen trägt Ihr Netzwerk und schenkt Ihnen einen zuverlässigen Lebensrahmen? Und wo hingegen kommt es zu Irritationen, Störungen und dünnen, brüchigen Verbindungen? Fühlen Sie sich wohl mit der jetzigen Situation oder möchten Sie dieses Beziehungsgeflecht erweitern, verkleinern, stärken, ausdünnen? Gehen Sie in Ruhe all diesen Fragen und Aspekten nach, und leiten Sie davon realistische Maßnahmen ab.

Schritt 5: Anhand verschiedener Beispiele können Sie Ihre persönliche Art, wie Sie Beziehungen aufbauen und gestalten, näher anvisieren. Achten Sie dabei auf vier Hauptaspekte:

Erstens: Hierarchie (vertikale Bewegung)
dominant
auf Augenhöhe
devot

Drittens: Wertschätzung
zu stark
angemessen
zu schwach

Zweitens: Nähe (horizontale Bewegung)
distanziert
ausgeglichen
übergriffig

Viertens: Grenzen
rigide
balanciert
schwammig

Schritt 5: Reflektieren Sie in Ruhe Ihre verschiedenen Beziehungsrollen. Kristallisieren Sie Rollenpräferenzen heraus. Gehen Sie der Frage nach, was Sie mit Ihren Verhaltensweisen bezwecken, und überprüfen Sie, ob Ihre Handlungen im gewünschten Ergebnis resultieren. Achten Sie auf eine möglichst bewertungsfreie Haltung, das Thema »Beziehung« kann eine »heiße Kiste« sein und starke Betroffenheit auslösen. Gehen Sie in langsamen Schritten voran, und nehmen Sie dabei Ihre feinen Emotionen sowie Empfindungen wahr.

Auf der Leimspur kleben

Auch diese Aufgabenstellung kann schnell verdeutlichen, wie oft unser gegenwärtiges Verhalten sich aus subtilen Übertragungen und Projektionen speist.

Ich sehe eine Vertriebsleiterin vor mir, die mir aufgeregt ihr Beziehungsdiagramm erklärt. Mit so vielen Personen hat sie Kontakt, sowohl beruflich als auch im Freundeskreis, in Vereinen und im Ehrenamt. Mit allen kommt sie gut zurecht, nur nicht mit einer anderen Bereichsleiterin in ihrer Firma. Im Laufe der Übung wird ihr bewusst, dass diese Frau sie an ihre Schwester erinnert, zu der sie schon vor langer Zeit den Kontakt abgebrochen hat. Ihre Teamkollegin sieht sie dagegen regelmäßig in wöchentlichen Meetings. Diese Frau muss nur zur Tür hereinkommen, schon geht sie ihr total auf die Nerven. Sie rede wie ein Buch, könne sich unglaublich gut verkaufen, arbeite in ihrem Bereich nur das Nötigste und heimse bei ihrem gemeinsamen Chef die Lorbeeren ein. Auch die anderen Bereichsleiter würden auf ihre billigen Tricks hereinfallen – nur sie selbst durchschaue das Spiel und wehre sich gegen diese Person. Doch anstatt, dass ihr die anderen Kollegen zur Seite springen und den Rücken stärken, würden sie sich zurückhalten. Letztlich wurde ihr zugetragen, dass sie im Flurfunk als stutenbissige Zicke gehandelt werde; dieses Urteil empört sie natürlich komplett.

Bei näherer Befragung offenbarte sich schrittweise die ganze Geschichte. Als Kind fühlte sie sich ähnlich zurückgesetzt, da ihre Schwester immer im Mittelpunkt der Beachtung stand. Sie war ein hübsches, charmantes und witziges Kind, das alle Augen und Herzen auf sich zog. Meine Klientin dagegen war eher still und schüchtern und verharrte somit leicht in der zweiten Reihe. Mein Eindruck war, dass sich die Eltern sogar bemühten, dieses Aufmerksamkeitsgefälle immer wieder zu relativieren, doch das Muster zog sich durch die Kindergarten- und Schulzeit durch. So brannte sich in ihre Kinderseele ein bohrendes Gefühl: Ich werde nicht gesehen und ungerecht behandelt.

Ihre Bereichsleiterkollegin aktivierte diese alte Prägung aufs Feinste. Ohne überhaupt zu wissen, was sie bei ihrer Kollegin auslöste, legte sie mit ihrem Verhalten den Finger mitten in die Wunde. Meine Klientin hing komplett an ihrer Angel.

Durch ihre Brille gesehen, ereignete sich – ohne dass im Äußeren tatsächlich viel passierte – eine große Ungerechtigkeit, der sie wieder einmal hilflos ausgeliefert war. In ihrer Wahrnehmung der Geschehnisse überlagerte sich die unbewusste Erinnerung des Kindes mit der Erfahrung der

Erwachsenen und vermengte sich zu einem hoch explosiven Emotionscocktail. All ihre Reaktionen auf die Kontrahentin fielen dementsprechend überzeichnet und für ihr Umfeld unverständlich aus. In dieser Situation blieb sie komplett gefangen und agierte zunehmend wie ein Elefant im Porzellanladen. Ihre berufliche Professionalität und Souveränität verschwanden hinter diesen aufgewühlten Emotionen – es war höchste Zeit, dass sie ihren Konflikt bearbeitete.

Beziehungen umzugestalten, braucht Zeit und Geduld

Mit dieser Geschichte möchte ich drei wichtige Aspekte verdeutlichen:

- In jedem Erwachsenen lebt ein inneres Kind, das blitzartig durch bestimmte Reize aktiviert werden kann. Begegnet uns in der Gegenwart eine Person, die uns nur entfernt an eine alte Konstellation erinnert, öffnen sich neurobiologisch all jene Erfahrungen, die wir zu dieser Gemengelage schon abgespeichert haben. Wissenschaftler sprechen davon, dass wir bis zu 90 Prozent unserer Erinnerungen auf jetzige Situationen projizieren! Diese Zahl klingt extrem ernüchternd und erinnert uns daran, hochschießende Emotionen mit großer Achtsamkeit zu behandeln. Gerade bei heiklen, schwierigen Beziehungen herrscht die Gefahr, dass wir durch Übertragungen in unverständliche, überzogene Verhaltensweisen katapultiert werden. Durch dieses unangemessene Auftreten können Beziehungen irreparablen Schaden nehmen und unnötigerweise in die Brüche gehen, sowohl beruflich als auch privat. Gerade im Berufsleben, wo es augenscheinlich um Sachthemen gehen sollte, tobt im Untergrund oftmals ein alter emotionaler Krieg. Unbewusst starten die Akteure den Versuch, frühere Defizite mit heutigen Erfolgen zu kompensieren. Das gelingt aber nur zum Teil. Größtenteils birgt es die Gefahr in sich, Situationen unrealistisch einzuschätzen und daraus falsche Schlüsse und Aktionen abzuleiten.
- Wer die noch unbefriedigten Sehnsüchte seines inneren Kindes befrieden möchte, sollte sich immer wieder professionelle Begleitung suchen. Manch einer hat durch ein gutes Coaching oder eine therapeutische Unterstützung zur rechten Zeit seinen Job, seine Ehe oder seine Gesundheit retten können. Gerade Burnout-Kandidaten wirken oftmals gehetzt, wie

auf der dauernden Suche nach einem inneren Hafen, in dem sie vor Anker gehen können. Dieser stabile Ankerplatz in der eigenen Psyche bietet sich von selbst an, sobald die inneren Querulanten Gehör finden und sich entspannen können.

Sich selbst aus dem Sumpf einer hochaktiven Übertragung zu ziehen, ist nur mit stark trainiertem Achtsamkeitsmuskel machbar. Dazu möchte das Resilienztraining anregen: sich seiner Geschichte bewusst zu werden und auch den brandheißen Topf der schwierigen Beziehungen auf eine genießbare Temperatur herunterzukochen.

- Die schicksalhaften Fügungen einer Biografie sind allein mit dem Verstand kaum zu bewältigen. Wer Unrecht erfahren hat, braucht »aktives Widerkäuen«, um seine Erlebnisse verarbeiten zu können. Körper, Herz und Seele gehören in diese wundersame Transformation von Belastung zu Ressource involviert, dann wird sie schneller und gewinnbringender vonstatten gehen. Gerade unliebsame Zeitgenossen können dabei ein großes Geschenk sein. Sie erwischen unsere wunden Punkte so zielgenau, dass wir es nicht vermeiden können, unsere neuralgischen Reizstellen aufzudecken. Wie an einem Fitnessgerät können wir an ihnen unsere geistigen Muskeln erproben.

Eine Umgestaltung von eingefahrenem Beziehungsverhalten braucht Zeit und Geduld. Schenken Sie sich an dieser Stelle selbst viel Liebe und Humor. Heben Sie jede positive Erfahrung, jede auch nur kleinste Verbesserung hervor und speichern Sie sie aktiv ab. Bauen Sie sich in Ihrer Neurobiologie neue, positive Erfahrungsmuster, auf die Sie mit der Zeit auch unter Stress zugreifen können. Erfreuen Sie sich an den vielen kleinen schönen Dingen des Lebens. Achtsamkeit macht sich immer bezahlt, denn sie lässt innere Reife und Standfestigkeit wachsen – die Säulen eines guten Lebensgefühls.

SCHRITT 10:
Verankerung in der eigenen Kraft und Ruhe

»Wir werden nicht nachlassen in unserem Forschen, und
am Ende all unseres Forschens werden wir dort ankommen,
von wo wir ausgegangen sind,
und werden den Ort zum ersten Mal erkennen.«
T.S. Eliot

(Aus: Little Gidding)

Verwandeln Sie sich Schritt für Schritt vom Hamster im Rad zum Fels in der Brandung

Die Möglichkeit, sich in einer höheren Kraft zu verankern

Plakativer und konträrer lässt es sich kaum beschreiben: vom Hamster im Rad zum Fels in der Brandung. Und dennoch ist diese wundersame Verwandlung möglich; ich spreche da aus eigener Erfahrung. Wobei ich mich noch nicht durchgehend als gereiften, in sich ruhenden Menschen erlebe. Vergleiche ich mich allerdings mit dem Menschen, der ich noch vor 20 oder gar zehn Jahren war, hat sich in meinem Selbsterleben ganz enorm etwas verändert. Zum einen durch beständiges, unverdrossenes Dranbleiben an der immer feiner werdenden Selbstreflexion. Und zum anderen natürlich dank der immensen Unterstützung, die ich durch meinen Mann, meine Familie, meine Freunde, meine Coaching- und Seminarteilnehmer und durch hervorragende Lehrer erfahren durfte und darf.

Neben all diesen so kostbaren und wesentlichen Beziehungen möchte ich zudem noch eine andere Beziehungsdimension hervorheben, die mich auf ganz besondere Art und Weise stärkt und trägt: mein Austausch mit dem Leben, der Schöpfung an sich. Manch einer mag sich als religiöser oder gläubiger Mensch beschreiben, ein anderer als Atheist. Jeder Erdenbürger hat wohl ein ganz eigenes Empfinden davon, wie er sich im großen Weltengefüge verorten mag. Glücklicherweise leben wir zu einer Zeit und an einem Ort, an dem Menschen ihre individuelle »Glaubenswahrheit« frei und offen erforschen sowie artikulieren können.

Ich möchte für meine Bezogenheit zur Schöpfung ganz simple Worte finden. Ich fühle mich seit Kindertagen mit dem Leben an sich verwoben und erinnere mich täglich neu daran, mich dieser großen, mich überschreitenden Kraft anzuvertrauen. Gleich, ob es mir prächtig geht oder ob ich eine harte Prüfungszeit zu durchstehen habe – dieses Vertrauen, innerhalb einer höheren Ordnung meine Spur zu ziehen, hat mich bisher immer darin bestärkt, in Problemen und Betrübnissen einen weiterführenden Sinn zu entdecken. Auch wenn vieles im Leben erschreckend, verdreht oder unverständlich wirkt, bemühe ich mich, durch meine innere Haltung diesem

Geschehen doch noch eine gewisse Sinnhaftigkeit abzugewinnen. Leben ist immer eine Einladung zu lernen, sich zu erweitern, zu wachsen. Rückblickend haben mich gerade die Verarbeitung von herben Einschnitten und von persönlichem Scheitern und auch die Aufarbeitung von vielen Fehlern, die ich gemacht habe, zu der werden lassen, die ich heute bin. Meine persönliche Resilienz ist aus der Not erwachsen – ich musste sie zwangsläufig entfalten, um in ein gutes, glückliches Leben zu finden.

In dem spannenden Buch »Die Vermessung des Glaubens« (2010) von Ulrich Schnabel, das mich besonders durch seine beseelte Nüchternheit erfreut, führt der Autor mit unterschiedlichen Personen Interviews. Er befragt sie, wie sie persönlich als Glaubende, als Wissenschaftler oder als Bewusstseinsforscher diese für uns so schwer zu greifende größere, göttliche Dimension erfahren und beschreiben. Jeder Bericht, so unterschiedlich er ausfällt, ist getragen von großer Aufmerksamkeit und Einlassung auf das Thema. Allein die Beschäftigung und authentische Auseinandersetzung mit der Schöpferfrage hilft uns Menschen, an dieser Stelle eine klare Position zu beziehen, wie auch immer sie geartet sein mag. Die Hamburger Landespastorin Annegrethe Stoltenberg greift in ihren Ausführungen unter anderem das Prinzip der Resilienz auf:

»Man hat irgendwann gemerkt, dass es selbst in völlig zerrütteten Familien immer mal wieder einzelne Kinder gibt, die heil bleiben. Während die Geschwister kriminell und drogensüchtig werden, gehen diese Ausnahmegestalten durch alle Schwierigkeiten hindurch wie mit einem Heiligenschein und werden später oft sehr erfolgreich. Woran liegt das? Wenn man solche Fälle studiert, stellt man fest, dass es da immer eine dritte Kraft gibt, einen Einfluss von unabhängiger dritter Seite. Das kann eine Tante sein oder ein Lehrer, der sich um das Kind kümmert und ihm eine andere Perspektive aufzeigt. Und die Kraft dieses ›unbekannten Dritten, das nicht in das System gehört‹ erlebe ich auch in meinem Glauben [...] Weil mein Mann und ich beide einen Bezug zu Gott haben, kommt in unser gemeinsames Leben etwas Drittes. Und diese Kraft erweitert unsere Lebensmöglichkeiten.« (Schnabel 2010, S. 400)

Kontaktstelle zum transzendenten, Sinn stiftenden Sein

Im späteren Verlauf des Buches bin ich auch auf eine weitere, für mich sehr wertvolle Beschreibung gestoßen.

> »Der österreichische Theologe und Psychotherapeut Hubert Findl drückt diesen religiösen Aspekt folgendermaßen aus: Im Innersten seines Selbst findet der Mensch das Angebot einer Berührung durch ein umfassendes, transzendentes Selbst ... Inmitten unseres Lebens, auch inmitten allen Unheils, ist da das Angebot von etwas Unverbrüchlichem im Tiefsten unseres Selbst. Christen nennen dieses Etwas Gott, und sie verwenden das Wort Seele, um auszudrücken, dass es da im Innersten jedes Menschen eine Kontaktstelle zu Gott, zum Göttlichen, zu diesem transzendenten und sinnstiftenden Sein in uns gibt.« (Schnabel 2010, S. 488)

Die Formulierung »*Das Angebot einer Berührung ...*« trifft für mich sehr genau meine Wahrnehmung, sobald ich mich nur ein wenig aus dem normalen Alltagsgeschehen zurückziehe. Da ich Natur und Bewegung liebe, hilft mir allein schon ein kleiner Spaziergang im Grünen, ein paar Atemzüge frische Luft, das Gewahrwerden von Wind, der durch Blätter rauscht, oder ein fröhliches Vogelgezwitscher, um in mir eine Tür zu öffnen, die mich mit einer anderen Bewusstseinsqualität verbindet. Ein kurzer Moment der Versammlung, des Innehaltens schließt mich an einen ruhigen Strom der Kraft und Ruhe an. Neben dieser Erfahrung der tiefen Stille kann ich in diesem Raum auch Freude empfinden, Heiterkeit, Großherzigkeit, Verständnis, Weitblick, Übereinstimmung, Geborgenheit und Liebe – die mir zufließen und die ich ebenfalls an andere Menschen und Wesen im Geiste senden kann. All diese Empfindungen knüpfen sich in diesem Moment an kein reales Erlebnis, sondern sind einfach da – als würden sie darauf warten, dass ich mich ihnen zuwende, sie wahrnehme und anzapfe. Ich weiß nicht, woher dieser Strom kommt, doch ich erlebe ihn, wann immer ich mich nach innen wende. Das ist ein Phänomen!

Diese Erfahrung wird von unzähligen Menschen schon seit Jahrtausenden beschrieben. Die meisten Religionen entwickelten ritualisierte Abläufe und Übungen, um diese Bewusstseinsverschiebung weg von den Gedanken und Gefühlen der reinen »Ich-Wahrnehmung«, hin zu dem Erleben, »Teil eines größeren Ganzen« zu sein, aktiv zu initiieren. Sowohl Meditation und

Kontemplation als auch Yoga, Tai Chi und Qui Gong sind hilfreiche Techniken, um das mentale Alltagsbewusstsein zu erweitern und in eine andere Form der Selbstwahrnehmung einzutauchen. All diese Praktiken brauchen überhaupt nicht religiös interpretiert zu werden, sondern sind zunächst tief erprobte Handlungsanweisungen, um sich aus dem täglichen Alltagsrhythmus herauszuziehen. Für eine kleine Weile können Sie in einen offenen Raum hineinschweben, in dem nichts passieren muss – außer, dass Sie da sind und Ihren Körper und Ihren Atem wahrnehmen.

Gerade die Meditation bietet einen wunderbaren Erforschungsraum, um das eigene Denken und Fühlen zu erkunden, während kein äußerer Reiz, keine Anforderung an Sie herantreten. Die interessierte, möglichst wertfreie Betrachtung der eigenen Gedanken- und Empfindungsabläufe schafft Transparenz über die persönliche Selbstkonstruktion der Wahrnehmung und Wirklichkeitserfahrung. So dienen meditative Praktiken zum einen der tiefen Entspannung und des Ruhigwerdens. Gleichzeitig sind sie aber ein Forschungslabor, um sich selbst konsequent zu studieren, zu begreifen ... und zu überschreiten.

Gleichzeitigkeit von Bewegung und Ruhe erfahrbar machen

Beobachten Sie sich selbst: Da ist Ihr Körper mit seinen sich schnell wandelnden Empfindungen und Befindlichkeiten, die unablässig zwischen Wohl- und Unwohlsein hin- und herpendeln. Mal ist es dem Körper warm oder kalt, er fühlt sich wach oder müde, verspürt Hunger oder Durst. Er kann angespannt sein und sich überfordert wähnen – dann wieder brummt er selig und entspannt.

Eng verknüpft mit den Körperempfindungen wandern auch die Gefühle und Gedanken unentwegt zwischen den Polen des Wohlergehens und der Missstimmung hin und her. Ein bedrückender Gedanke der Sorge oder Angst trägt immer auch ein beengendes Gefühl im Schlepptau, das sich blitzschnell auf den Körper niederschlägt. Genauso verbinden Glück und Freude diese Ebenen in ihrer Befindlichkeit. In der weiteren Betrachtung bezeichne ich dieses unablässige Schwingen zwischen Hell und Dunkel als Dualität.

Sobald Sie Ihre Aufmerksamkeit nach innen wenden, wie zum Beispiel während einer Meditation, können Sie Ihre sich schnell verändernden Gedanken, Gefühle und Körperempfindungen sorgfältig beobachten. Sie werden feststellen, dass diese spontan kommen und gehen, ohne dass Sie darauf Einfluss nehmen könnten. Inspizieren Sie diese Informations- und Empfindungsketten genauer, entdecken Sie Zwischenräume. Denn: Gedanken und Gefühle haben einen Anfang und ein Ende. Dazwischen liegt eine Pause, ein schmaler Spalt, in dem Stille aufblitzt.

Bei genauer Beobachtung finden Sie neben der unablässigen Bewegung der dualen Ebenen auch eine beständige Ruhe in sich. In diesen Raum können Sie sich regelrecht hineinsinken lassen. Während Sie sich auf physischer, mentaler und emotionaler Ebene in relativ gut greifbaren Bildern, Definitionen und Konzepten wahrnehmen und schildern können, betreten Sie nun einen anderen Bereich Ihrer selbst.

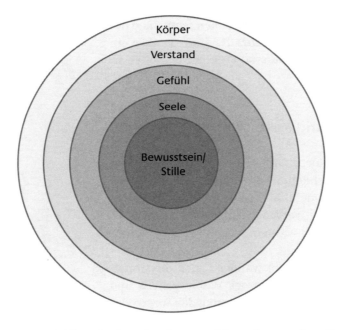

Dieser Raum der Stille schwingt in einem ruhigen Strom, der alle Polaritäten und Gegensätze vereint. Ihr persönliches Empfinden definiert sich nun nicht mehr über Eigenschaften wie: »Ich bin eine Frau, ich bin ein Mann, ich bin Deutsche(r), ich bin verheiratet, berufstätig, ich habe Kinder ...«

In diesem Bewusstseinsraum entfallen all diese Attribute. Sie erleben sich in Ihrem Sein. Diese Wahrnehmung mag ungewohnt sein, aber sie ist

Schritt 10: Verankerung in Kraft und Ruhe

nicht mehr als ein Blickpunktwechsel: Vom Tun zum Sein. Während sich die dualen Ebenen – Körper, Gedanken und Gefühle – wie eine Sinuswelle beständig heben und senken, herrscht in unserem Wesenskern tiefe Stille.

Unsere Wesensmitte ist wie das Auge im Zyklon: Sie ist der einzig ruhende Pol im Trubel des stetig vorandrängenden Lebens.

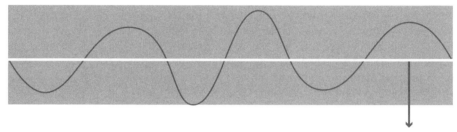

Stille – Leere – Fülle – Eins-Sein

Denn im Alltagsgeschehen gründet unser Selbstbild auf unserer Leistungsfähigkeit, auf dem, was wir darstellen und was wir haben. Unser Erfolg und Ansehen spielen dabei eine Rolle, genauso wie familiäre und gesellschaftliche Zugehörigkeit. Im Alltag müssen wir handeln und uns darstellen, Position beziehen, kämpfen, gewinnen und verlieren. Wir verletzen und werden verletzt, berühren, erschaffen, gehen unter und tauchen unverhofft wieder auf. Diese Dualität ist unser normal vertrauter Schauplatz, zum Teil auch Kampfplatz, auf dem wir uns selbst erleben und wahrnehmen.

Der innere Bewusstseinsraum dagegen ruht in sich selbst. Diese Ebene des Formlosen versammelt all die unzähligen Erscheinungen der Welt und verbindet sie zu einer einzigen Kraft – der Einheit. Konzentrieren wir unsere Wahrnehmung auf diese Ebene, gibt es für uns nichts zu tun. Wir können spüren, dass unser eigentliches Wesen ganz aus sich selbst heraus existiert. Tauchen wir ein in den Strom des Sein-Lassens, merken wir, dass unser Leben in einer gewaltigen Dimension verwurzelt liegt.

Während des Resilienztrainings möchte ich die Teilnehmer auf eine natürliche, ihnen angenehme Art und Weise mit dem stillen Innenraum des Bewusstseins vertraut machen. Meistens wähle ich hierfür einfache Körperübungen, die aus dem Yoga und Tai Chi stammen und sich natürlich und spielerisch mit der Erfahrung des »Innehaltens« und dem »Prinzip HASE« verknüpfen lassen. Natürlich bedeutet es für manche Personen, die sich vorher noch nie mit solchen Praktiken beschäftigt haben, eine gewisse Überwindung, sich auf diese neue Erfahrung einzulassen. Und doch macht es ihnen, trotz ersten Zögerns, meistens großen Spaß.

Kürzlich vollzog ich mit einer Gruppe am Morgen und nach dem Mittagessen auf der Wiese vor einem großen Seminarhaus stille, unspektakuläre Übungen. Gerade diese unscheinbaren, ruhigen, fließenden Körperbewegungen hinterlassen in Körper und Geist durchschlagende Wirkung. Als wir übten, wurden wir von einigen anderen Gruppen aus dem Fenster beobachtet. Während der Essenszeiten kamen viele Personen, Männer und Frauen, jung oder alt, auf mich zu und meinten, welch wunderbare Ausstrahlung unsere Bewegungen auf sie gehabt hätten – am liebsten wären sie runter in den Garten gesprungen und hätten mitgemacht. Ich war regelrecht überrascht, wie viel Sehnsucht nach Stille und Zentrierung aus ihren Worten klang.

Die folgende Übung der inneren Versammlung lässt sich gut an solch eine Bewegungssequenz anschließen. Sie wird im Sitzen oder Stehen absolviert und ist für viele Personen sehr schnell zugänglich und nachvollziehbar. Zum einen schenkt sie die Erfahrung des ruhigen Beobachters. Zum anderen verknüpft sie dieses Ereignis mit einem intensiven, einprägsamen Erleben auf körperlicher und feinstofflicher Ebene. Der Teilnehmer lernt, sich seinen Innenraum selbstständig zu erschließen. Durch regelmäßige Übungen, die ihm pro Tag nicht mehr als 10 bis 20 Minuten abverlangen, wird ihm die Möglichkeit des inneren Ausruhens immer vertrauter. Nach und nach kann er die gleichzeitige Wahrnehmung von Bewegung und Stille vertiefen.

Übung: Die innere Quelle

Einführung

In unserem Kulturkreis sind wir es gewohnt, zwischen Zeiten der Ruhe und Besinnung und Phasen der Aktivität zu trennen. Um Stille zu erfahren, suchen wir besondere Orte auf oder wählen Tätigkeiten, in denen sich Innenschau ereignen kann – wie beispielsweise Kirchgang, Besuche von Seminaren oder heiligen Orten, Meditation, Chorgesang, meditatives Malen, Pilgern und vieles andere mehr.
Aus meiner Sicht sind all diese Erfahrungen wunderbare Übungsfelder, um uns mit der Ganzheit unserer eigenen Person vertraut zu machen. Es sind aber Zwischenschritte, die uns helfen sollen, diese innere Verankerung jederzeit präsent spüren zu können.
Ich muss mich nur erinnern: Ich selbst trage die Quelle von Ruhe und Kraft in mir. Ich erlebe sie als eine direkte Verbindung zur großen Schöpferkraft. Wo ich gehe

und stehe, berge ich diese Heimat in mir – sie schenkt mir Ausruhen und Sicherheit. Diese Verbundenheit ist immer da – auch wenn ich sie einmal nicht bemerke und mich verlassen und verloren fühle.

Ziel
Die Reflexion eines Mittelpunkts der Ruhe und Kraft im eigenen Körper. Übung der schnellen Verankerung in der eigenen Mitte. Beobachtung von Gedanken, Gefühlen und Körperempfindungen. Sinnliches Erleben von Ruhe und Kraft. Ausdehnung dieser Kraft. Stärkung des Gleichgewichts auf körperlicher und energetischer Ebene.

Übungsablauf
Setzen Sie sich auf Ihrem Stuhl möglichst aufrecht hin! Am besten rutschen Sie mit Ihrem Gesäß vorne an die Stuhlkante. Beide Füße stehen fest auf dem Boden, die Hände können ineinandergelegt im Schoß liegen.

Stellen Sie sich vor, aus Ihren Füßen und aus Ihren Sitzknochen würden kleine Wurzeln in den Boden wachsen. Schenken Sie sich das Bild einer starken Erdung und Verwurzelung in Ihrer Basis.

Sobald Sie in Ihrem unteren Körperteil eine feste Verbindung zum Boden fühlen, richten Sie Ihre Aufmerksamkeit auf Ihre Wirbelsäule. Suggerieren Sie sich selbst, Sie seien so geschmeidig wie ein gut gewachsener Schilfhalm oder eine Mohnblume.

Mit Ihrem Ein- und Ausatmen bewegen Sie nun Ihre Wirbelsäule so, als würde ein warmer Wind Sie streifen. Sie können sie leicht nach vorne, nach hinten und auch zu den Seiten schwingen lassen, bis Sie das Gefühl haben, dass sich Ihre Wirbel stabil und geschmeidig aufeinander aufbauen. Das aufrechte Sitzen sollte Sie in dieser Position nicht anstrengen. Ganz im Gegenteil – es kann als äußerst angenehm und frei tragend erlebt werden.

Nun besuchen Sie auch Ihre Bauchdecke und laden sie ein, sich gemütlich zu entspannen! Während sich der Atemfluss vertieft, kann sich der Bauch ausdehnen und Raum einnehmen. Achten Sie dabei darauf, dass Sie von Ihrem Hosenbund nicht eingeschränkt werden. Knöpfe sind zum Öffnen da.

Auch die Schulter- und Halspartie kann locker und frei auf der Wirbelsäule aufsitzen. Bewegen Sie so lange Ihren Körper in kleinen schwingenden Bewegungen, bis Sie das Gefühl haben, in der rechten Körperspannung anwesend zu sein.

Wenden Sie nun Ihre Aufmerksamkeit nach innen und nehmen Sie sich selbst als feinstofflichen Körper wahr! Horchen Sie hinein, ob Sie an irgendeiner Stelle Ihres Organismus eine Verdichtung von Ruhe und Kraft erleben. Diese Dichte kann sich bei Ihnen im Bauchraum befinden oder auf der Höhe des Solarplexus, in der Brust, in der Kehle oder auf der Stirn …

Sobald Sie diesen Punkt spüren, legen Sie bitte für einen kurzen Moment Ihre Hand auf die Stelle (damit der Coach verfolgen kann, was in Ihnen vorgeht).

Nehmen Sie in diesem Raum der Stille Platz. Machen Sie nichts weiter, als da zu sein.

Ihr Atem kommt und geht. Genauso wie Gedanken, Gefühle, Körperwahrnehmungen. Auch wenn diese Regungen Ihre Aufmerksamkeit gewinnen, bleibt Ihr Sein in der Stille verankert. Kosten Sie diesen Zustand aus. Genießen Sie die Ruhe in sich selbst.

Wenn Sie möchten, können Sie noch einen Schritt weiter gehen. Stellen Sie sich vor, dieser Raum der Ruhe sei eine Quelle, aus der Kraft, Licht und Ton entspringen. Wenn es Ihnen entspricht, können Sie das Bild einer Sonne nehmen, die sich nun in alle Richtungen gleichzeitig ausbreitet.

Das Licht fließt von Ihrem Mittelpunkt gleichmäßig in die untere Körperhälfte und in die obere Körperhälfte. Achten Sie darauf, dass sich das Licht gleichmäßig nach oben und unten verteilt.

Lassen Sie das Licht auch ganz bewusst in die rechte und linke Körperhälfte einfließen. Danach auch in die vordere und hintere Seite Ihres Körpers.

Diesen Zustand der energetischen Balance genießen Sie einige Minuten. Prägen Sie sich dieses Gefühl der Ausgeglichenheit tief in Ihre Körperzellen ein, damit es auch im Alltag für Sie schnell abrufbar wird.

Die Seele – Resonanzboden unserer Potenziale und Berufung

Wie Sie an meinen Kompassen und Schaubildern sehen, unterscheide ich bei der Betrachtung der einzelnen Wahrnehmungslevels zwischen Seele und Bewusstsein. Diese Differenzierung ist in meiner praktischen Arbeit über viele Jahre gewachsen, und ich möchte sie an dieser Stelle genauer erklären.

Das Wort »Seele« wird heutzutage in verschiedenen Kontexten verwendet. Abhängig davon, ob es im religiösen, philosophischen, psychologischen oder neurowissenschaftlichen Zusammenhang gebraucht wird, verwandelt sich die Deutung seines Inhalts. Im normalen Sprachgebrauch wird die Seele als etwas Immaterielles und Unsterbliches verstanden, das, aus dem Ewigen kommend, den Körper belebt und nach dem Tod wieder ins Ewige geht. Somit bezieht sich der Seelenbegriff auf eine Art unsterbliche Identität.

In der deutschen Dichtung wird die Seele metaphorisch interpretiert, als Bild der Sehnsucht nach dem Unendlichen und Ewigem. Die Seele kann wandern, segeln, fliegen – sie ist frei, um sich in die Lüfte zu schwingen und sich dorthin zu begeben, wo sie sich beheimatet fühlt. Sie dient als ein Resonanzboden für feinste Schwingungen und den Ausdruck eines höheren Selbst.

Dies alles klingt ätherisch, ungreifbar, geheimnisvoll, abstrakt. In meiner Begleitung von Menschen rückte mir diese Ebene allerdings sehr nah. Ich kann zwar nicht behaupten, dass die Seelenebene so sichtbar und greifbar ist wie Körper, Gefühle und Gedanken. Doch mit ein wenig Empfindungsfähigkeit ist sie deutlich spürbar und beschreibbar. Und das geht nicht nur mir so, sondern auch meinen Klienten.

In vielen Gesprächen wiederholte sich ein Phänomen: Mein Gegenüber beleuchtet zunächst sich und seine Lebenssituation in klaren Bildern, Konzepten und Zuordnungen. Im Laufe der Erforschung verändert sich die Deskription seiner selbst. In seine Darstellung, wie er sich bisher im Leben aufgestellt hat, schwingt mehr und mehr die Ebene seiner eigentlichen Möglichkeiten, seiner Potenziale, seiner Berufung, seiner Sehnsucht hinein.

Seine Seele spricht. Und wenn sie bemerkt, dass ihr Raum und Aufmerksamkeit geschenkt wird, beginnt sie, sich immer weiter zu öffnen und sich zu entlasten. Oft kommt es mir vor, als hätte die Seele des Menschen viele Jahre, gar Jahrzehnte darauf gewartet, sich endlich zeigen zu können. Endlich einen offenen, wertfreien Spiegel zu finden, in dem sie sich selbst betrachten kann.

Sobald ein Mensch seiner Seele Raum verleiht, weiß er um so vieles. Er weiß, mit welchen Befähigungen er von der Existenz ausgerüstet wurde und was seine authentische Art ist, um sich in die Welt einzubringen. Er weiß um seine Werte und um seine Kraft, diese auch umzusetzen. Aus meiner Wahrnehmung ist ein Mensch stark, leistungsfähig, kreativ, belastbar, gesund, erfüllt und auch glücklich, sobald er sich in »Deckungsgleichheit« mit diesem ursprünglichen, ureigenen Wesenskern befindet. An dieser Stelle liegt seine dauerhafteste Stärke verborgen, auch seine höchste Motivation. Möchte ein einzelner Mensch, ein Team oder ein Unternehmen diese schlummernden Potenziale erwecken, muss es sich seiner Seele zuwenden, individuell oder auch gemeinsam.

Diesen Zusammenhang begreifen viele meiner Klienten sehr schnell, selbst wenn sie eher vernunftgesteuerte Menschen sind. Die Wahrnehmung der eigenen Seelenkraft ist nichts Abgehobenes – ganz im Gegenteil. Sie wirkt im Moment der Erfahrung als selbstverständlich und vertraut – sie schließt sich eher dem gesunden Menschenverstand an als einer übernatürlichen Erfahrung. Wir alle besitzen die Erfahrung, was ein beseelter Mensch alles in Bewegung bringen kann – berühmte Beispiele hierfür sind Martin Luther King, Nelson Mandela oder Muhammad Yunus. Aber auch in unserem direkten Umfeld gibt es viele Beispiele für beseeltes Handeln. Besonders häufig finden sie sich im Ehrenamt. Warum wohl gerade da?!

Hat ein Klient erst einmal in sein »wahres Selbst« hineingeschnuppert, hat er Lunte gerochen. Nun gehe ich mit ihm auf Spurensuche, an welchen Ecken und Enden er sich im Leben verbogen hat. Wann genau und warum er sich aus seiner eigenen Wesensmitte, aus seiner ureigenen Seelenschwingung herausbegeben hat. Diesen Prozess der eigenen Entfremdung durchlaufen wahrscheinlich fast alle Menschen. Es gehört zum Lebensprozess dazu, dass wir diese Enteignung unseres Selbst erkennen und den Weg zu uns selbst wieder zurückfinden.

An dieser Stelle ereignet sich das nächste Phänomen. Der Klient selbst weiß am besten, wie der Weg seiner Potenzialentfaltung am schnellsten vonstattengehen kann. Besser gesagt: Nicht er weiß – seine Seele kennt den Weg. Und so ist die Seele meines Klienten für mich als Coach ein wichtiger Sparringspartner. Auf ihre Empfindungen, Bewegungen und Regungen achte ich ganz besonders, denn hier offenbart sich mein Klient direkt und natürlich.

Kann die Seele verletzt werden?

Viele meiner Teilnehmer tragen psychische Wunden in sich. Wir alle kennen diese Verletzungen aus unserer eigenen Lebensgeschichte und wissen nur zu gut, welche Wirkungen sie auf unser Selbstvertrauen und unsere Selbstwirksamkeit haben. Trotz dieser Wunden und Einschränkungen, die wir als Mensch in uns bergen, besitzen wir Anteile, die niemals verletzt werden und in sich ganz und gar heil sind. Diese Segmente sind unsere größten Kraftspeicher, unsere Ressource, um uns aus uns selbst heraus zu heilen. Sie sind wie eine grüne Sommerwiese, in die wir uns hineinlegen können, wie ein warmes Wasser, das uns trägt und hält, wie ein starker Fels, auf dem wir ausruhen können.

Alle Menschen, denen ich begegnet bin, verfügen über diese ureigene Kraft der Heilung, das Heil-Sein unbewusst in sich anzuzapfen – sonst hätten sie viele ihrer Lebenseindrücke nicht verkraften können. Gerade traumatisierte Menschen können, neben dem Mechanismus der Verdrängung und Abspaltung, einen unglaublichen Lebenswillen generieren. Oft sind sie durchdrungen von einer tiefen Sehnsucht, in ein gutes, erfülltes Leben zu finden. Obwohl ihr Selbstvertrauen unzählige Male erschüttert wurde, haben sie dennoch das Vertrauen ins Leben nicht verloren. Ganz im Gegenteil: In vielen Menschen schwingt trotz ihres Schmerzes eine bemerkenswerte Kraft der Versöhnung, die sie Schritt für Schritt wieder heil werden lässt.

Auch in diesem Kontext erscheint mir die Seele als Vermittler zwischen den geprägten, von der Dualität gezeichneten, verletzten Anteilen einer Person und seinem unverletzten reinem Bewusstsein, das Geschehnisse bezeugt, aber von ihnen unberührt bleibt. So birgt die Seele gleichzeitig die Erschütterung der Verletzung in sich als auch das Wissen um ihre Heilung sowie ebenfalls das Heil-Sein an sich. Welch eine wunderbare Ebene unseres Selbst! Nichts ist ihr fremd. Weder das menschliche noch das göttliche Prinzip. Eine Seele, die sich von Kummer und Anspannung befreit, leuchtet aus sich selbst und verschenkt Liebe, Großzügigkeit, Verstehen. Dieses Wunder habe ich in unendlich vielen kleinen und großen Momenten erleben dürfen. In diesen Augenblicken entfaltet das Resilienztraining eine besondere Tiefe und Tragfähigkeit.

Die Poesie des Lebens schnuppern

Je älter ich werde, umso intensiver erfreue ich mich an den Kleinigkeiten, die am Wegrand des Alltags schlummern. Mein Energiefass füllt sich besonders rasch, sobald ich mich mit mir selbst verbunden fühle. Wie so oft erlebe ich auch hier das Wunder der Balance. Finde ich ein Gleichgewicht zwischen der Aufmerksamkeit für mich selbst und dem Wissen um die Unbedeutsamkeit meines persönlichen Schicksals, breitet sich ein besonderes Wohlgefühl in meinem Denken und Fühlen aus. Ich habe Raum, um andere Menschen, Tiere und Pflanzen wahrzunehmen. Jeder Moment bietet sich an, um kleine Begebenheiten aufzusaugen. Die Poesie des Lebens erreicht mich immer öfter, ohne dass sich etwas Besonderes ereignen muss.

»Schwingt ein Lied in allen Dingen,
die da träumen fort und fort,
und die Welt hebt an zu singen,
triffst Du nur das Zauberwort.«

Diesen wundersam schönen Zeilen von Joseph von Eichendorff möchte sich mein Innerstes durch und durch anschließen. Immer wieder offen sein, frisch, unbedarft – damit mich das Zauberwort treffen kann.

Das Leben heißt mich willkommen

An einem besonders schönen Abend in einem Garten über dem Atlantik traf mich das genaue Gegenteil. Obwohl ich von paradiesischen Pflanzen umgeben war, das Abendrot erstrahlte und mich ein warmer Wind streichelte, befand sich meine Stimmung im Keller. Ich weiß nicht einmal mehr den Auslöser für meine miserable Verfassung. Alles um mich herum war schön, aber ich war unglücklich, unzufrieden und fühlte mich insgesamt nicht gesehen. Ein melancholischer »Weltschmerz« hatte mich gepackt, und ich fühlte mich klein und wertlos.

In diesem Moment überfiel mich eine Idee. Ich suchte mir einen Stock und malte auf einem Sandweg meine gesamte Biografielinie. Ich durchwanderte sie mit der Fragestellung: »Wann hat mich das Leben willkommen geheißen? Wann war das Leben gut zu mir?«

Für jedes Ereignis, jeden Moment, der mir einfiel, sammelte ich einen Stein, ein Blütenblatt oder eine Frucht und legte sie in meinen Lebensverlauf. Ich vergaß alles um mich herum und versank förmlich in der Flut der Geschenke, die mir die Existenz schon hatte zuteilwerden lassen. Tränen der Dankbarkeit und der Beschämung liefen über mein Gesicht – ganz verheult saß ich auf einer Parkbank, als mich mein Mann zum Abendessen abholte. Er verstand sofort, was ich ihm in wenigen Worten vermittelte.

So verneige ich mich in Demut vor dem großen Lehrmeister *Leben*.

Die folgenden Worte soll Charlie Chaplin an seinem 70. Geburtstag am 16. April 1959 geschrieben haben. Wie schön, wenn ein Mensch im Laufe seines Lebens zu solchen Erkenntnissen findet!

»Als ich mich wirklich selbst zu lieben begann, habe ich verstanden, dass ich immer und bei jeder Gelegenheit zur richtigen Zeit am richtigen Ort bin und dass alles, was geschah, richtig ist, von da an konnte ich ruhig sein. Heute weiß ich, das nennt sich VERTRAUEN!

Als ich mich wirklich selbst zu lieben begann, konnte ich erkennen, dass emotionaler Schmerz und Leid nur Warnungen für mich sind, gegen meine eigene Wahrheit zu leben. Heute weiß ich, das nennt man AUTHENTISCH-SEIN!

Als ich mich wirklich selbst zu lieben begann, habe ich verstanden, wie sehr es jemanden beschämt, ihm meine Wünsche aufzuzwingen, obwohl ich wusste, dass weder die Zeit reif noch der Mensch dazu bereit war, und auch wenn ich selbst dieser Mensch war. Heute weiß ich, das nennt sich SELBSTACHTUNG!

Als ich mich wirklich selbst zu lieben begann, habe ich aufgehört mich nach einem anderen Leben zu sehnen und konnte sehen, dass alles um mich herum eine Aufforderung zum Wachsen war. Heute weiß ich, das nennt man REIFE!

Als ich mich wirklich selbst zu lieben begann, habe ich aufgehört mich meiner freien Zeit zu berauben und ich habe aufgehört weiter grandiose Projekte für die Zukunft zu entwickeln. Heute mache ich nur, was mir Spaß und Freude bereitet, was ich liebe und was mein Herz zum Lachen bringt auf meine eigene Art und Weise und in meinem Tempo. Heute weiß ich, das nennt man EHRLICHKEIT!

Als ich mich wirklich selbst zu lieben begann, habe ich mich von allem befreit, was nicht gesund für mich war, von Speisen, Menschen, Dingen, Situationen und von allem, das mich immer wieder hinunterzog, weg von mir selbst. Anfangs nannte ich das ›GESUNDEN EGOISMUS‹, aber heute weiß ich, das ist SELBSTLIEBE!

Als ich mich wirklich selbst zu lieben begann, hörte ich auf, immer Recht haben zu wollen, so habe ich mich weniger geirrt. Heute habe ich erkannt, das nennt man ›EINFACH-SEIN‹!

Als ich mich wirklich selbst zu lieben begann, habe ich mich geweigert, immer weiter in der Vergangenheit zu leben und mich um meine Zukunft zu sorgen, jetzt lebe ich nur mehr in diesem Augenblick, wo ALLES stattfindet, so lebe ich jeden Tag und nenne es VOLLKOMMENHEIT!

Als ich mich wirklich selbst zu lieben begann, da erkannte ich, dass mich mein Denken armselig und krank machen kann, als ich jedoch meine Herzenskräfte anforderte, bekam mein Verstand einen wichtigen Partner, diese Verbindung nenne ich ›HERZENSWEISHEIT‹!

Wir brauchen uns nicht weiter vor Auseinandersetzungen, Konflikten und Problemen mit uns selbst und anderen zu fürchten, denn sogar Sterne knallen manchmal aufeinander und es entstehen neue Welten. Heute weiß ich, DAS IST das LEBEN!«

Literaturverzeichnis

Badura, Bernhard/Ducki, Antje/Schröder, Helmut/Klose, Joachim/Macco, Katrin (Hrsg.) (2011): *Fehlzeiten-Report 2011*. Führung und Gesundheit. Berlin, Heidelberg: Springer.

Dispenza, Dr. Joseph (DVD 2006): *What the Bleep Do We Know? TAO Cinemathek*.

Hüther, Gerald (2012): *Bedienungsanleitung für ein menschliches Gehirn*. 10. Auflage. Göttingen: Vandenhoeck & Ruprecht.

Hüther, Gerald (2012): *Biologie der Angst*. 12. Auflage. Göttingen: Vandenhoeck & Ruprecht.

Rosenberg, Marshall B. (2010): *Gewaltfreie Kommunikation*. Eine Sprache des Lebens. Paderborn: Junfermann.

Rossi, Ernest L./Nimmons, David (2007): *20 Minuten Pause*. Wie sie seelischen und körperlichen Zusammenbruch verhindern können. Paderborn: Junfermann.

Schnabel, Ulrich (2011): *Muße*. Vom Glück des Nichtstuns. München: Karl Blessing.

Schnabel, Ulrich (2010): *Die Vermessung des Glaubens*. 4. Auflage. München: Pantheon.

Wellensiek, Sylvia Kéré (2010): *Handbuch Integrales Coaching*. Weinheim und Basel: Beltz.

Wellensiek, Sylvia Kéré (2011): *Handbuch Resilienz-Training*. Weinheim und Basel: Beltz.

Wellensiek, Sylvia Kéré (2012): *Resilienz-Training für Führende*. So stärken Sie Ihre Widerstandskraft und die Ihrer Mitarbeiter. Weinheim und Basel: Beltz.

Wellensiek, Sylvia Kéré (2014): *Fels in der Brandung statt Hamster im Rad*. Zehn Übungen zur persönlichen Resilienz. DVD. Laufzeit 50 Minuten. Weinheim und Basel: Beltz.

Wellensiek, Sylvia Kéré (2015): *75 Bildkarten Resilienztraining*. Weinheim und Basel: Beltz.

Wellensiek, Sylvia Kéré/Galuska, Joachim (2014): *Resilienz – Kompetenz der Zukunft*. Balance halten zwischen Leistung und Gesundheit. Weinheim und Basel: Beltz.

BELTZ WEITERBILDUNG

Sylvia Kéré Wellensiek
75 Bildkarten Resilienztraining
2015. 75 Bildkarten, Booklet 32 Seiten,
in hochwertiger Klappkassette.
ISBN 978-3-407-36570-5

Die Bildkarten zum Resilienztraining sind neben der
bestehenden Fachliteratur von Sylvia Kéré Wellensiek eine besondere Bereicherung für Trainings und
Coachings. Die Bildkarten enthalten fünf der HBT
Kompasse, versinnbildlichen in Fotos zehn wesentliche Übungen zur Stärkung der persönlichen
Resilienz und zeigen 60 verschiedene Resilienz-
kompetenzen. Die Karten können vielfältig im
Kontext unterschiedlicher Übungen verwendet
werden. Die Bilder dienen Klienten gleichzeitig
als Erinnerungsanker im Alltag bei der Umsetzung
guter Erkenntnisse.

Sylvia Kéré Wellensiek
Resilienz-Training für Führende
So stärken Sie Ihre Widerstandskraft und die Ihrer
Mitarbeiter
2012. 180 Seiten. Gebunden.
ISBN 978-3-407-36517-0

Das Buch widmet sich konsequent dem Gedanken,
Widrigkeiten und Herausforderungen nicht zu
umgehen, sondern sie zu meistern und an ihnen
zu wachsen. Sylvia Kéré Wellensiek stellt zehn – in
der Praxis bewährte – Trainingsschritte vor, wie
Führungskräfte Resilienz in ihrem Umgang mit
Mitarbeitern, Kollegen, Vorgesetzten und Kunden
direkt anwenden können.
»Die zahlreichen Übungen, Checklisten und Coa-
chingaufgaben sind Tools nicht nur speziell für Widerstandskraft, sondern allgemein für zeitgemäße
Führung.« managerSeminare

www.beltz.de